中公新書 2111

大泉啓一郎著

消費するアジア

新興国市場の可能性と不安

中央公論新社刊

はじめに

新興国市場の台頭

「少子高齢化と人口減少が進むなかで、国内市場の大幅な拡大は見込めない。したがって、成長が著しいアジアの市場を取り込むことは、日本と日本企業にとって最優先課題である」

近年、幾度となく耳にしてきたフレーズである。

たしかに、アジアの消費市場の拡大は目覚ましい。

二〇〇九年に中国における自動車販売台数は、前年比四六％増の一三六四万台となり、アメリカの一〇四三万台を抜いて世界最大の市場となった。台数もさることながら、世界経済が後退するなかで、伸び率が四〇％を超えたのは驚異的なことであった。他方、ＡＳＥＡＮ諸国の自動車市場は、中国に比べれば見劣りはするものの、販売台数は二〇〇万台を超え、採算が十分に見込める市場に成長してきた。値段の張る自動車の市場が、このように急速に拡大しているのであるから、携帯電話、パソコン、液晶テレビなどの売れ行きが好調なのはいうまでもない。わが国の事情を別にしたとしても、急速に拡大するアジアの消費市場を取り込むことは日本企業にとって当然の判断である。

アジアの消費市場の活気は、北京《ペキン》、上海《シャンハイ》、バンコク、クアラルンプールなどの大都市を訪れれば実感できる。林立する高層ビル、そのなかを闊歩《かっぽ》する若者の姿は、東京のそれとほとんど変わらない。流行のファッションにアイポッドと携帯電話を携え、スターバックスやマクドナルドなどで楽しい時間を過ごしている。いずれの国の街角にもみかけるようになったセブンイレブンやファミリーマートなどのコンビニエンスストアは、これらの大都市が二四時間眠らなくなったことを物語っている。これら大都市に身を置くかぎり、それらの国が途上国であることを認識することは難しい。このことを反映してか、最近では、中国やASEAN諸国を「開発途上国」ではなく「新興国」と呼ぶようになっている。本書では、中国、ASEAN5（タイ、マレーシア、インドネシア、フィリピン、ベトナム）、インドを「アジア新興国」と呼ぶこととする。

新興都市の出現

これらアジア新興国の大都市の生産能力や消費市場の規模は、国レベルで平均化された指標だけをみていては、過小評価することになる。たとえば中国の経済水準は、国レベルでは一人当たりGDPは四〇〇〇ドル強の途上国にすぎないが、北京、上海や深圳《しんせん》などの大都市のそれは一万ドルを超えている。

私たちが中国やASEAN諸国を「新興国」と呼ぶときにイメージするのは、このエネルギーあふれる大都市の景観であろう。本書では、これら大都市を、他の都市と区別するため、「メガ都市」と呼ぶ。

ただし、このメガ都市の姿の延長線上にアジアの輝かしい未来を描くのは危険である。メガ都市は先進国並みの景観を手にしたことは確かであるが、その他の地域はまだ途上国であり続けているからである。メガ都市から郊外に向けて車を一時間も走らせれば、そこには決して豊かとはいえない途上国としての農村風景が広がる。実際のところ、アジア新興国において、メガ都市はまだ例外的な存在にすぎない。

アジア新興国は、先進国的な景観を持つメガ都市と、途上国的な課題に直面する農村という両極端な空間を同時に抱えている。したがって、アジア新興国が今後先進国をキャッチアップするためには、メガ都市の競争力強化と同時に成長の果実を国全体に広げる努力が必要となる。現在の大きい地域間所得格差を放置すれば、持続的成長の維持が困難になるだけでなく、社会を不安化させる原因となる。他方、メガ都市の成長が、地球レベルの資源・環境問題を通じて世界経済への影響を強めていることにも注意したい。

本書では、これらアジア新興国で起こっていることを分析し、これから起こりうることを議論する。それはアジア発展の新しいメカニズムを考えなおす作業といってよい。

二一世紀に入って、経済のグローバル化の進展がアジア新興国の発展に強く寄与してきたというのなら、それは二〇世紀のそれと比べてどう違うのか、それはどのような特徴を持っているのかを明らかにしたい。

構成と概要は以下の通りである。

第1章は、アジア新興国に対する私たち日本人の見方が変化していることを確認することから始める。その上で、アジアの消費市場の現状を、富裕層、中間所得層、低所得層の三つに区分して観察するとともに、日本企業の取り組みを紹介し、本書がアジアの消費市場の考察に大都市を中心とした地理的な視点を導入する根拠を示す。

第2章、第3章では、アジアのメガ都市を中心とした新しい成長のメカニズムを検討する。

第2章では、アジアの大都市が途上国型都市から先進国型都市へと移り変わってきた様子を、タイのバンコクを例に示したい。かつてアジア新興国の大都市は、これらの人々に十分な雇用を提供できず、結果的に大量の失業者を発生させた。しかし、一九八〇年代以降の経済グローバル化のなかで、これら大都市は、多国籍企業の輸出生産拠点となり、二〇〇〇年以降は、生産拠点は産業クラスターに、大都市は巨大な消費市場へと変貌《へんぼう》した。これら大都市は国内の中心地というよりも、国際的な接合点という性格を強めている。アジア新興国の大都市は、途上国型都市と先進国型都市の中間点にある。これを本書では「メガ都市」と呼ぶ。

第3章では、これらメガ都市の発展領域が、近隣の中小都市や農村を巻き込み、新しい経済単位を形成していることを、上海を中心に拡大する長江《ちょうこう》デルタ経済圏を例に考察する。江《こう》蘇《そ》省、浙《せっ》江《こう》省、安徽《あんき》省の一部に広がるこの経済圏の規模は、すでに韓国に匹敵《ひってき》するものになっている。このように地理的に連続した成長領域は、「メガリージョン」として近年注目を集めている。アジア経済を牽引《けんいん》する新しい経済単位である。

本書の後半では、メガ都市・メガリージョンが牽引する成長メカニズムの限界を指摘し、それを克服し、繁栄をアジア全体に広げるための視点を提示する。

第4章では、アジアの地域間所得格差を考える。たしかに、アジア全体で貧困率は急速に低下してきているが、所得格差が是正されたわけではない。経済発展とともに地域間所得格差が是正に向かうという「クズネッツの逆U字仮説」という考え方があるが、アジアではメガ都市・メガリージョンに向かう急速な人口移動が、逆に今後の地方・農村の成長力を弱める原因になることを示す。このことを「人口ボーナス」の考え方で明らかにしたい。現在のアジアの経済発展が、自然に国全体に広がると考えるのは楽観的にすぎる。

第5章では、新興国の経済成長と社会安定の関係を考える。新興国経済の発展には、メガ都市・メガリージョンの国際競争力強化が不可欠であり、その対応が遅れ、成長が鈍化することが「中所得国のワナ」として議論されている。しかし、対応は容易ではない。なぜなら新興国政府は、メガ都市・メガリージョンの競争力強化と同時に、地方・農村の底上げを進めていかなければならないからである。本書ではこれを「中進国の課題」と呼ぶ。いまや、地方・農村住民、そしてメガ都市に住む低所得者は「サイレントマジョリティ（物言わぬマジョリティ）」ではなく、「物言うマジョリティ」である。その政策バランスを欠くと社会不安、政治不安に発展する可能性がある。これを近年のタイの政治混乱を例に考察する。

第6章では、アジア新興国の持続的な発展を資源・環境の観点から考え、またわが国とアジアとの新しい関係を考える。アジア新興国の成長と消費の拡大は、世界経済の牽引役となる一方で、地球レベルでの資源と環境への負荷を強める原因となっている。今後、求められるのは、資源や環境の制限が成長を阻害するというアジア版「成長の限界」を克服するための、協力体制の構築である。その点で日本の果たす役割は大きい。また、未来のアジア市場を開拓する鍵は、すでに課題を多く抱えている日本市場のなかにあることを指摘する。

消費するアジア

目次

消費するアジア

新興国市場の可能性と不安

第1章　消費市場の拡大と高まる期待

1　消費市場へ向かわせる二つの力学

「日本とアジア」から「アジアのなかの日本」へ

近年、アジアの消費市場が注目を集めている。

二〇一〇年、新聞や雑誌、テレビ番組はこぞってアジアの消費市場を特集した。中国の自動車販売台数が二〇〇九年にアメリカを追い抜き世界最大になったこと、中国や東南アジアで韓国製家電製品の売れ行きが日本製品の脅威になっていること、不動産や株の値上がりからニューリッチが台頭してきたことなど、その内容は「アジア消費ブーム」と呼べる盛り上がりをみせた。

とくに世界金融危機以降、日本を含めて先進国の景気低迷が続くなかで、アジア諸国の景気がそろってV字回復したことは、アジア諸国への期待をさらに高めている。

ＩＭＦ（国際通貨基金）『世界経済見通し二〇一〇年一〇月（*World Economic Outlook, October 2010*）』は、二〇一一年から一五年の五年間における世界経済の成長分の約七割が新興国・途上国によって生み出され、そして新興国・途上国の成長分の六割以上がアジアによるものになるとの予想を示した。

世界全体がリーマンショックに端を発する経済危機に発展する前に、新興国の経済が、先進国の金融危機の影響を受けずに成長を維持するという見方、いわゆる「デカップリング（非連動）」論が流行《はや》ったことがある。その後、国により違いがあるとはいえ、新興国・途上国も大幅な景気後退を余儀なくされたことで、「デカップリング論」は、いとも簡単に退けられた。

しかし、再び「デカップリング」というべき状況が現れ始めている。先進国の経済回復が遅れるなか、新興国・途上国の景気がV字回復したからである。世界経済の牽引役が、先進国から新興国へ、地域では、アジアへシフトしたとする見方も出てきた。世界経済危機前と大きく異なる点は、景気低迷が続く先進国企業が、こぞって新興国ビジネスの開拓に乗り出したことである。

日本経済にとって重要な新興国とは、いうまでもなくアジア諸国である。名目ＧＤＰ（国内総生産）の規模でみると、日本を含めたアジアが世界に占める割合は二〇〇〇年の二四・八％から二〇一〇年には二五・七％に上昇したが、内訳をみると、日本とそのほかのアジア諸国は好対照な動きをみせている（図1－1）。

日本を除くアジアの名目GDPは、二〇〇四年に日本に追いつき、以降その差は徐々に拡大し、二〇一〇年には日本の約二倍となった。なかでも中国経済の拡大は著しい。中国のGDPは、一九九〇年には世界の一・七％にすぎなかったが、二〇〇〇年に三・七％、二〇一〇年には九・三％に急上昇し、日本を追い抜いて世界第二位となった。

もはや世界経済の牽引役は、日・米・欧の三極構造ではなく、日中・米・欧あるいはアジア・米・欧の新しい三極構造であるといったほうが現実に近い。

このように日本のプレゼンスが低下していることを考えれば、わが国とアジア諸国の関係は、「日本とアジア」という視点から、「アジアのなか

図1－1　名目GDPの推移

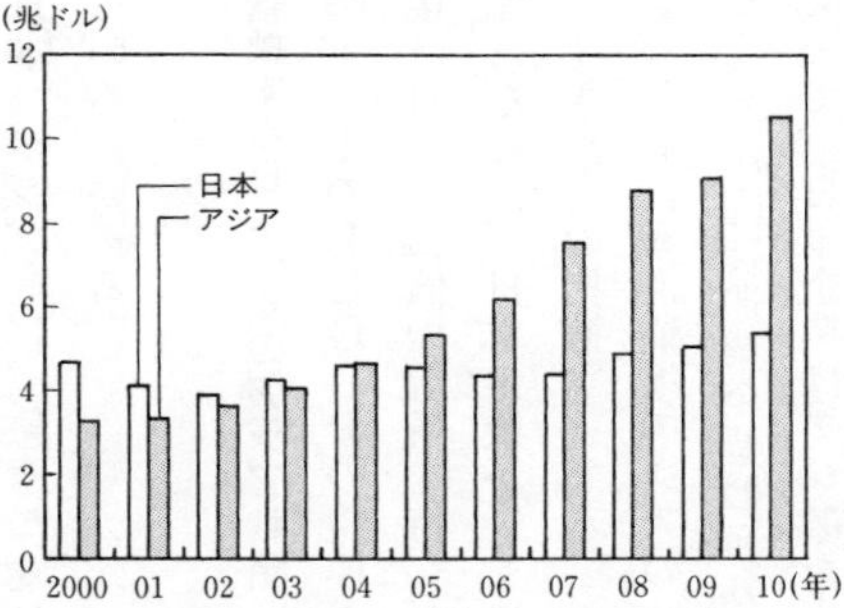

（注）アジアは中国、NIES（韓国、台湾、香港、シンガポール）、ASEAN 5（タイ、マレーシア、インドネシア、フィリピン、ベトナム）、インド
（出所）IMF, *World Economic Outlook*, October 2010

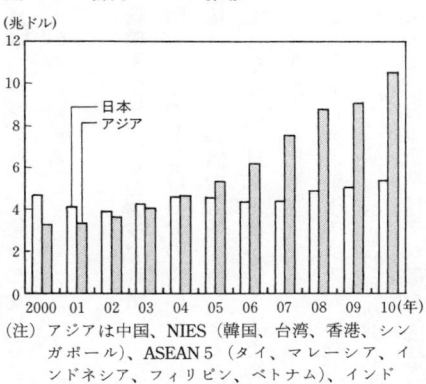

の日本」へシフトし、急速に変わるアジア諸国にいかに対応するかを議論すべき時代に突入しているといえる。

転換する日本企業のアジア戦略

図1－1の名目GDPの規模を単純に消費市場規模とみるならば、二〇一〇年のアジアの市場は日本の二倍の規模を持つことになる。しかも、その差が次第に拡大していることを考慮するならば、日本企業がアジア市場に目を向けるのは自然な流れといえよう。それどころか遅すぎたとの指摘さえある。

もっとも日本企業はアジアの消費市場を軽視してきたわけではない。国際協力銀行（JBIC）『わが国製造業企業の海外事業展開に関する調査報告』各年度版をみると、二一世紀に入って、日本企業はアジアを生産拠点だけでなく、市場として捉《とら》えようとする動きを強めてきたことがわかる。

この調査報告は、日本の製造業企業を対象として、海外事業の現状や課題、将来の計画などについてのアンケート調査をまとめたものであり、そのなかに、今後三～五年で投資有望事業地域はどこかという設問がある。二〇一〇年度の第一位は中国で、第二位がインド、第三位がベトナム、第四位がタイと、アジアが上位を独占した。このうち中国とタイは、アジアのなかでも日本企業が最も多く進出している国である。

図1－2は、中国とタイを投資有望事業地域と回答した企業のうち、その理由を「安価な労働力」、「現地市場の現状規模」とした企業の割合の推移をみたものである。

現在もなお、中国やタイへ進出する最大の魅力は「安価な労働力」が活用できることである。一般工員の給与は、近年上昇傾向にあるものの、北京や上海、バンコクでは、月二万～三万円で、日本の一〇分の一にすぎない。しかし「安価な労働力」を有望理由にあげる企業の割合は年々低下する傾向にある。中国では二〇〇三年の七四・九％から二〇一〇年に三五・三％に、タイも五七・四％から四四・七％に低下した。

図1－2　中国・タイを有望とする理由

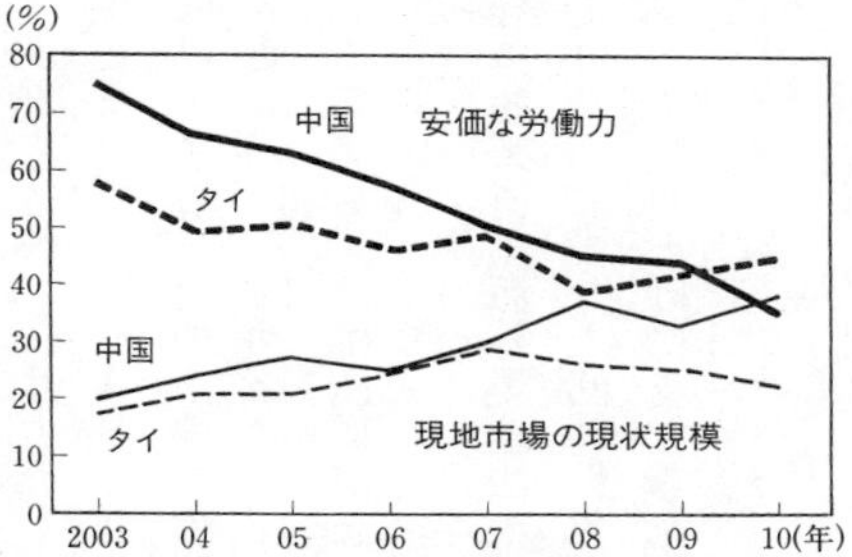

（出所）JBIC『わが国製造業企業の海外事業展開に関する調査報告』各年度版

他方、「現地市場の現状規模」を理由にあげる企業の割合は、中国では二〇〇三年の一九・七％から一〇年には三八・一％と倍近くに上昇し、「安価な労働力」を上回った。タイも一七・〇％から二二・〇％に上昇した。

タイでは、まだ「安価な労働力」のほうが割合は高いが、その差は、二〇〇三年の四〇・四％から一〇年には二二・七％と大幅に縮小した。

現在では、中国やＡＳＥＡＮ諸国に進出する製造業企業には、安価な労働力を利用した輸出向け生産と、現地市場での販売の双方を目的とするケースが増えている。たとえば食品加工企業は、日本向けだけでなく、現地市場向け、あるいは近隣諸国向け生産と販売を伸ばしている。アジアは生産拠点という従来の機能に加えて、消費市場としての魅力が増したのである。

経済産業省『海外現地法人四半期調査』によれば、二〇〇六年第２四半期にアジアの地域売上げが、北米を上回り世界最大となった。二〇一〇年も業績を伸ばした日本企業の多くは、アジアでの売上げに支えられた部分が大きく、このことから「アジア頼み」という言葉が頻繁に聞かれるようになった。

私たちは、なぜアジアに向かうのか

私たちの関心がアジアへ急速に向かう背景には、わが国のせっぱ詰まった事情がある。はじめにで述べたように、国内市場が人口減少と少子高齢化を背景に拡大が困難だという閉塞感が強く、これがアジアへの「押出し要因」として作用しているのである。

国立社会保障・人口問題研究所の『日本の将来人口推計』によれば、日本の人口は二〇〇五年から減少に転じており、二〇〇五年の一億二八〇〇万人から二五年には一億一九〇〇万人へと緩やかに減少する（図1－3）。その後はさらに減少のスピードが加速し、二〇四六年には一億人を割り込み、五五年には九〇〇〇万人を下回る見込みである。一人当たりの支出額が変わらないとすれば、人口減少は、市場の縮小に直結する。

もちろん人口が減少したとしても、その減少分を上回って一人当たり支出額が増加すれば、市場は拡大する。しかし実際には、少子高齢化が進むなかでは、それはかなり困難なことである。なぜなら少子化の進展により経済を支える労働力人口の割合が大幅に低下するからである。

図1－3　日本の人口の推移

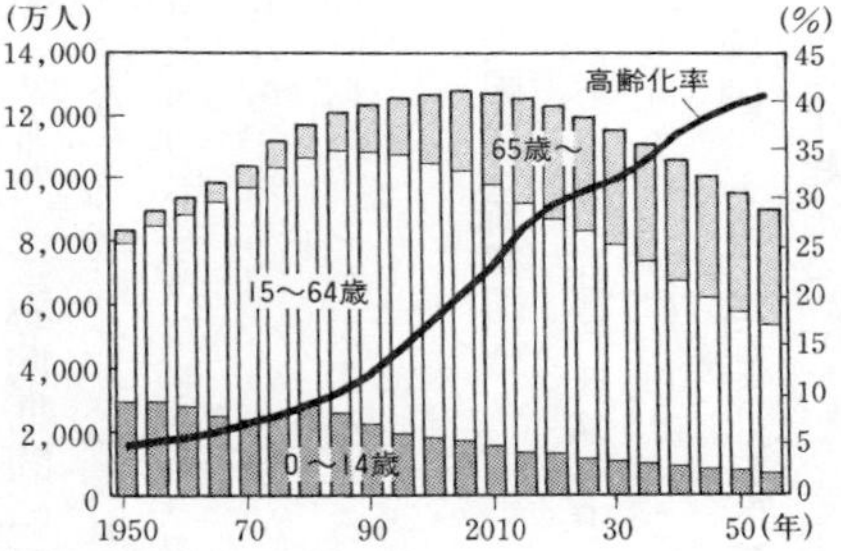

（注）高齢化率は65歳以上の人口比率
（出所）国立社会保障・人口問題研究所『日本の将来人口推計（平成18年12月推計）』

　経済活動に関与する年齢層、たとえば一五～六四歳（生産年齢人口）の割合は、二〇〇五年の六六・一％から二五年に五九・五％へ、五五年には五一・八％へ低下する。これは労働力人口が減少することを意味し、このなかで、一人当たりの所得を増加させるためには、今以上に技術革新や新しいサービスの創出に向けた努力が求められることになる。また、六五歳以上の人口比率（高齢化率）が同期間に二〇・二％から三〇・五％、四〇・五％へ上昇することへの対処、すなわち高齢社会の負担をどう賄《まかな》うかという問題もある。

将来への不安の高まりが、私たちをアジアへ押し出す力になっていることには注意したい。なぜなら、わが国への不安が「未来」にあるように、アジアへの関心や期待もその「未来」に向けられ、その未来が明るく語られがちであるからだ。

途上国から新興国へ

いつからか、中国やＡＳＥＡＮ諸国などを総称して「新興国」と呼ぶようになっている。つい最近まで、私たちは、これらの国を「途上国」と称していたはずである。

「新興国」とは、Emerging Economies から派生した和訳語であり、新興（Emerging）には「新たに生起する」という意味がある。つまり「新興国」への呼び名の変化には、私たちのアジア経済への視点が、経済規模や一人当たりのＧＤＰという所得水準から、成長率と伸び率などの成長力を重視したものへと変わってきたことを反映していると考えられるのだ。

「新興国」に明確な定義はなく、日本では当初、ブラジル、ロシア、インド、中国のいわゆる「ＢＲＩＣｓ」を指すために用いられてきた。その後、ＢＲＩＣｓと同様、開発途上国でありながら、高成長を遂げる人口大国に用いられるようになった。たとえば、ベトナム、インドネシア、南アフリカ、トルコ、アルゼンチンを新興国グループとみなした「VISTA」がそれである。その他にも、イラン、エジプト、ナイジェリアなどの「NEXT11（イレブン）」がある。これは、一人当たりGDPが二万ドル近い韓国から六〇〇ドルに満たないバングラデシュまで幅広い所得水準の一一カ国を含むものであった。

この点からも、近年の私たちのアジアへの視線は、その水準や現状の規模よりも、伸び率や将来性に向けられていることがわかる。実際に、アジアの消費市場の魅力も、その「規模」よりも「伸びしろ」にあると指摘するビジネスマンは多く、その視線は明るい未来に向けられている。

このことは、前述の投資有望事業地域の理由からもみることができる。同理由として、「現地市場の成長性」をあげた企業の割合は、「安価な労働力」、「現地市場の現状規模」より、はるかに高い。

二〇一〇年の調査で、中国に対して「現地市場の現状規模」を有望理由にあげた企業は三八・一％であったのに対して、「現地市場の成長性」は八七・八％であった。タイも同様で「現地市場の現状規模」の二二・〇％に対して、「現地市場の成長性」は四九・二％と高い。この傾向は、ベトナムやインドでは、さらに顕著である。両国の「市場の現状規模」を有望理由とする企業の割合はベトナムが一〇・三％、インドが二〇・〇％と低いものの、「現地市場の成長性」はそれぞれ六一・二％、八九・〇％と格段に高い。日本企業の多くが、アジアの市場の将来を期待していることがわかる。

このようななか、日本政府も、アジアの市場を国内市場の延長線上に捉える「アジア内需」の確保を成長戦略のひとつと位置づけ、日本企業のアジア市場参入のために、さまざまな支援を強化する姿勢を示しており、日本企業のアジア市場参入は、今後ますます加速することは疑いない。

ただし、私たちの目は、ずいぶん長い間、国内市場と欧米市場に向けられていたために、アジアの市場を「内需」として捉えるのに、十分な情報を有しているわけではない。ましてや、アジアは広大で多様な世界であり、ひとくくりになどできはしない。アジア消費市場に参入するには、このような広大で、かつ多様な市場をどう捉えるかが重要な視点となる。さらに、アジア市場の将来を展望するには、各国の中長期成長をどう評価するかの枠組みが必要となる。アジア市場の将来を考えることは、実はアジア経済の将来を考える作業に等しい。

2　アジアの消費市場をどう捉えるか

多様なアジア市場

アジアの人口は、一三億人の中国、一二億人のインドという人口大国を含むため、二〇〇九年時点で三二億人を超え、世界人口の約半分を占める。経済の成長にともない、巨大市場が現れてきたことは疑いないが、全域で消費市場が一様に拡大しているわけではない。日本の平均所得水準を上回る富裕層が出現する一方で、まだ低所得に苦しむ人々の多い地域がアジアである。

まず、国によって所得水準が大きく異なる。二〇〇九年の一人当たりGDPをみても、三万ドルを超える日本、香港《ホンコン》、シンガポールから、一〇〇〇ドルをようやく超えてきたベトナムやインドまで格差は大きい。

香港、シンガポール、韓国、台湾などの消費市場では、日本と変わらない購買力が期待できるものの、中国やASEAN諸国の消費市場のニーズや売れ筋商品は大きく異なろう。

これに加えて、アジアの国々では、国内の所得格差が大きいという事情にも配慮しなければならない。中国を例にとれば、上海や北京では、日本の平均以上の所得水準にある富裕層が増大する一方で、新疆《しんきょう》ウイグル自治区や貴州《きしゅう》省ではいまだ貧困に苦しむ人々が多いからである。同じ中国市場といっても、上海や北京では日本同様、高価格製品の販売が期待できるが、内陸部の農村では価格を引き下げなければ市場を確保できないのである。

このことを踏まえれば、中国を「一三億人の市場」として捉えるのは大ざっぱにすぎる。広大かつ多様なアジアの消費市場を捉えるには、何らかのセグメンテーション（市場細分化）が必要となる。

この点で、経済産業省『通商白書二〇〇九』が、アジア消費市場を「富裕層」、「中間所得層」、「低所得層」の三つに区分したのは、タイムリーな指摘であった。市場調査会社ユーロモニターの推計データから、年間世帯可処分所得が三万五〇〇一ドル以上を「富裕層」、五〇〇一ドル以上三万五〇〇〇ドル以下を「中間所得層」、五〇〇〇ドル以下を「低所得層」と区分したのである。

なかでも、「中間所得層」の家計人口が、一九九〇年の一・四億人から二〇〇八年には八・八億人に増加した事実に着目し、この消費市場を「ボリュームゾーン」と名づけた。そして「ボリュームゾーン」の確保が日本企業のアジア市場戦略で重要であると指摘したのである。

「ボリュームゾーン」とは、元来、「売れ筋商品の市場」を表す用語である。それを、アジアの所得階層のなかで最も増加率の高い所得層に適用し、この所得層での「ボリュームゾーン」、売れ筋商品を考えることが、アジア市場参入に際して重要な視点であることを強調したのである。

これまでの日本企業のアジア市場戦略では、日本で販売している製品をアジアの富裕層向けにいかに売るかにばかり目が向けられてきた。今後は、中間所得層に広げるべきだという、「ボリュームゾーン」の指摘は時宜にかなない、支持を得た。いまや、「ボリュームゾーン」という視点は、アジア市場を語る上で欠くことのできないものとなっている。

もちろん、アジア市場の魅力は、「ボリュームゾーン」だけにあるのではない。徐々に、それよりも所得の高い「富裕層」や低い「低所得層」の市場にも目が向けられるようになってきている。

急拡大する「ボリュームゾーン」

それぞれの市場についての特徴をみておこう。まず、最も注目を集めているボリュームゾーン市場である。

通商白書が定義する「ボリュームゾーン」市場は、年間世帯可処分所得が五〇〇〇ドルから三万五〇〇〇ドルまでの「中間所得層」を対象とするものであるが、やや広すぎる嫌いがある。この可処分所得の幅は、一ドル八〇円で換算して、四〇万円から二八〇万円に相当する。この下限である年間可処分所得が四〇万円の家計と上限である二八〇万円の家計の消費構造は大きく異なると考えられるからである。

通商白書が用いたユーロモニターの推計データでは、中間所得層は、年間世帯可処分所得が五〇〇一〜一万五〇〇〇ドルと一万五〇〇一〜三万五〇〇〇ドルとの二つの所得層に区分されている。前者を「下位中間所得層」とし、後者を「上位中間所得層」とすれば、二〇〇八年時点では、「中間所得層」のうち「下位中間所得層」が圧倒的に多く、全体の八五%を占める（図1-4）。中国、ASEAN諸国、インドなどで急拡大する「ボリュームゾーン」は、「下位中間所得層」の市場と捉えていいだろう。

図1-4　アジアのボリュームゾーン人口の推移

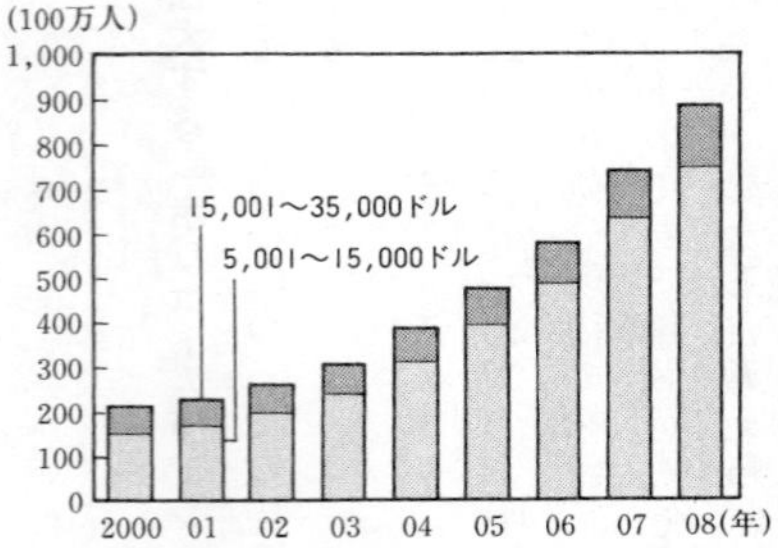

（出所）Euromonitor International, *Consumer Lifestyle Databook*, 2009より算出

この「下位中間所得層」の下限である年間世帯可処分所得五〇〇一ドルは相当に低い水準であると思われるが、中国のケースでいえば、エンゲル係数（総支出のうち食品支出が占める割合）が五〇%から四〇%台へ急速に低下する水準に相当し、家計に耐久消費財を購入する余裕が出始める水準である。ちなみに、日本でエンゲル係数が四〇%台になったのは高度成長期の一九六〇年代で、洗濯機、冷蔵庫という「白物家電」が急速に普及した時代であった。

ただし、所得水準がそれほど高くないため、耐久消費財の購入についても、価格には敏感である。したがって、同市場開拓には、製品の品質を維持しながらも、部品数の見直しや機能の簡素化によるコストダウンを図り、販売網を開拓するなどの努力が求められる。

これは、「ボリュームゾーン・イノベーション」と呼ばれるもので、たとえば、複写機を通常よりも低速とすることで価格を引き下げ、中国の紙質に合わせた紙送りを工夫した例、小型低価格パソコン「ネットブック」を、仕様は変えず、HDD（ハードディスクドライブ）やメモリーの容量を落として価格を抑え、生産は中国に拠点を持つ台湾メーカーに委託することで対応した例など、枚挙にいとまがない。

コストダウンの観点では、日本からの輸出ではなく、現地での生産、さらにはアジア域内FTA（自由貿易協定）が進展してきたことから、ASEAN諸国の生産拠点から中国市場への輸出、またその逆といった、日本を介さない生産ネットワークの活用が今後有効となろう。

工夫が必要なのはコストダウンだけではない。気候や文化、宗教、家族構成など現地のニーズに合わせた機能の調整も必要になる。

このボリュームゾーンの市場確保について日本企業の出遅れを指摘する声があるが、実は、日本企業はこの市場開拓にも古くから努力してきた。筆者の経験でも、実際にインドでトランジスタラジオを販売するために、市場《いちば》で洗剤や雑貨の売れ行きを綿密に調査していた家電メーカーの方にお会いしたし、ベトナムでは即席ラーメンをいかに現地に定着できるかと苦心していた工場長に話を聞いたことがある。

ただし、現在のボリュームゾーンのニーズは、当時のものとは異なっているかもしれない。とくにボリュームゾーンでの売れ筋商品は、限りなく富裕層向けの製品に近いデザインを持った製品でなければならない。近年の通信手段の発展により、富裕層の消費する製品の情報は、国の隅々まで行き渡っており、下位中間所得層も、都市部の富裕層がどのような製品を購入するかに敏感になっている。すでに価格が安ければ売れるという市場ではないのである。

もし、デザインはそのままに、機能を幾分落とすことで価格低下が実現できたならば、それは、ボリュームゾーンだけでなく、日本市場でも競争力を持つものとなるかもしれない。二〇一〇年九月、日本大手家電メーカー（パナソニック）は、ボリュームゾーン向けに機能を絞り、価格を抑えた洗濯機を日本向けに輸出することを発表した。これも「ボリュームゾーン・イノベーション」の成果のひとつといえよう。

富裕層市場の台頭

通商白書が定義する「富裕層」は、年間世帯可処分所得三万五〇〇〇一ドル以上の所得層である。これに該当する家計人口は、アジアにおいて二〇〇〇年の三四〇〇万人から〇八年に七四〇〇万人へ倍増した。

もっとも、「富裕層」の家計人口については、日本が九二〇〇万人とアジア最大の市場である。ただし、日本の同家計人口が、この一〇年間ほとんど変化していないのに対して、アジアのそれはほぼ倍増しており、成長力は対照的である。これまでの傾向が今後も続くと仮定すれば、アジアの「富裕層」の家計人口は二〇一五年までに日本を追い抜くことになる。

現時点では、アジアの「富裕層」の約半分はNIESが占めている。NIESの一人当たりGDPはすでに先進国の水準にあり、これらの市場では、日本と同様の購買力、購買層が期待できる。また、NIESの「富裕層」は人口の四二・一％に相当しており、もはやNIESは市場においても先進国入りを果たしたといってよい。

他方、アジア新興国の「富裕層」の家計人口は、中国が一八五〇万人、ASEAN5（タイ、マレーシア、インドネシア、フィリピン、ベトナム）が九三〇万人、インドが八一〇万人であり、人口比率でみると、それぞれ一・四％、一・八％、〇・七％と低い。

ただし、ここで示した名目値による世帯所得の評価は、アジア新興国の旺盛《おうせい》な購買力を過小評価している。というのも、これらの国・地域では衣食住に関わるコストが低く、名目為替レートで換算したドルベースで所得水準が同じであれば、アジア新興国のほうが、日本や

NIESよりも所得の使い勝手はよく、より多くの所得を耐久消費財やサービスに向けることができると考えられるからである。

このような物価の影響を排除して、国際比較を行うために、一般的に購買力平価レートが使われる。ちなみに、IMFが公表する購買力平価レートを用いると、二〇〇八年において日本の名目一万五〇〇〇ドルの所得は、一万三三〇〇ドルへ目減りするのに対し、中国、ASEAN4（タイ、マレーシア、インドネシア、フィリピン）のそれは二万五〇〇〇ドルを超え、インドやベトナムでは四万ドルに達する。

さらに日本における名目三万五〇〇〇ドルの所得は、購買力平価レートでは三万一〇〇〇ドルとなり、右に示したアジア新興国の一万五〇〇〇ドルを購買力平価レートで換算した後の水準とそれほど変わらなくなる。この点を考えると、アジア新興国の「中間所得層」に含まれる「上位中間所得層（一万五〇〇〇〜三万五〇〇〇ドル）」は、「富裕層」に含めてよいだろう。実際に、先進国と景観が変わらない上海、北京、バンコク、クアラルンプールに住み、乗用車、ブランド品、アイポッドやアイパッドなどの電子電機製品、液晶テレビなどを購買する担い手には、「富裕層」だけでなく、「上位中間所得層」を含むと考えたほうが合点がいくことが多い。

この「上位中間所得層」を「富裕層」に加えると、その家計人口は、中国が七八〇〇万人

（同二・一％）となる。（人口の五・九％）、ASEAN5が三七〇〇万人（同七・三％）、インドが二四〇〇万人

「上位中間所得層」を含めた「富裕層」は、日本と変わらない製品やサービスを消費する担い手であり、スターバックスでお茶を楽しみ、インターネットで余暇時間を過ごすなど、そのライフスタイルは、すでに先進国化している。

これら「富裕層」が集中する大都市において、日本製品の評判は高い。経済産業省が行ったアジアの大都市における意識調査でも、「品質がよい」、「信頼できる」に加え、「技術力がある」、「デザインがよい」などの評価を得ている。とくに中国やASEAN5の大都市では、日本のアニメなどを通じたソフトパワー（文化的な影響力）が想像以上に強い。

日本食などの文化面でも実力を発揮できる余地も大きい。これら「富裕層」の市場開拓に求められるのは、日本製品のブランド力の向上を図る広告やマーケティングの徹底であろう。もちろん韓国製品や中国製品の追い上げは厳しい。しかし現在の日本製品のブランド力をより一層磨けば、これらの市場は確保できるはずである。

こう考えれば、高機能・高付加価値の日本製品が富裕層市場において販路を拡大する余地は案外大きい。日本製品の高機能・高付加価値が進みすぎ、アジア市場の志向に合わなくなったことは「ガラパゴス化現象」と呼ばれているが、この急増する富裕層のニーズをうまく

掘り起こせば、これら日本製品の購入層として引き込めるはずである。

たとえば、中国の富裕層が、日本に観光旅行に来た際に、秋葉原の電気街で多機能の炊飯器などを大量に購入するというケースをよく耳にするし、アジアの大都市でシェアを伸ばす携帯電話（アイフォーンやブラックベリー）などは十分に高機能・高付加価値であり、そして高価格である。

また、「富裕層」の購買形態が、日本と同時並行的に進化していることにも注目したい。オンラインショップなどの新しい販売形態が急速に普及しており、楽天は二〇〇八年に台湾で、〇九年にはタイでオンライン通販を開始し、一〇年には中国の検索エンジン最大手の百度（バイドゥ）と提携してネット販売に参入している。これらの「富裕層」は、コンピュータや携帯を通じて物を買う「超現代的な人たち」であることを見逃してはならない。

低所得層市場への新しい視点

最後に、年間所得が五〇〇〇ドル以下の「低所得層」の市場にも目を向けよう。

「低所得層」に属するアジアの家計人口は、二〇〇〇年の二五億六〇〇〇万人から二〇〇八年には二一億一〇〇〇万人へ減少した。ただし、その割合はまだ高く、中国では六六%、ASEAN5では六〇%、インドでは八一%が「低所得層」に属する。

この「低所得層」のすべてが消費市場の対象となるというわけではないが、貧困ラインを越えてきた所得層の消費市場は、「BOPビジネス」として近年注目され始めている。BOPとは「Base of the Pyramid（ピラミッドの底辺）」の頭文字をとったもので、BOPビジネスは、このような低所得者を対象としたビジネスである。

BOPビジネスという概念を広めるきっかけとなったのは、世界資源研究所（World Resource Institute）の報告書『次の四〇億人――BOP市場の規模とビジネス戦略（*The Next 4 Billion－Market Size and Business Strategy at the Base of the Pyramid*）』（二〇〇七年）であった。このなかでは、世帯年間所得が三〇〇〇ドル未満（購買力平価レート換算）の所得層を対象としたビジネスの有効性が指摘された。これは、年間世帯可処分所得五〇〇〇ドル以下の「低所得層」に相当する。

同報告書は、BOPビジネスの対象者は、世界中で約四〇億人、そして、その六割を超える二四億五九〇〇万人はアジアに住むと見積もっている。その市場規模は購買力平価レート換算で五三四二億ドル、名目でも一二四九億ドルになるとした。

BOPビジネスの成功例としては、欧州企業（ユニリーバ）が洗剤やシャンプーを小袋に詰め替え、農村の女性たちを販売員とすることで販路を広げた例が有名である。同時に、感染症を防ぐには手洗いなどで衛生環境を保つことが必要であるとの教育活動を行った。

また食品メーカー（ダノン）は、子供の栄養不足の改善を目的にヨーグルトを生産し、農村にネットワークを持つグラミン銀行と共同で販路を開拓した。BOP市場の開拓では、日本企業は出遅れている印象があるが、日本の大手調味料メーカー（味の素）はすでに中国や東南アジアの奥地まで販路を広げている。タイでは調味料市場の八割を占めている。

筆者は、八〇年代半ばに、タイのミャンマー国境に近い山岳民族の村を訪れたときに、そこにある雑貨店が日本の調味料（「味の素」）の小袋を売っていたのを実際に見た。また、日本の薬品メーカー（大正製薬）が栄養ドリンク（リポビタンD）の宣伝カーを八〇年代から東北タイの農村まで走らせていたことを覚えている。

近年では、日本と同様、販売員を雇うことで普及している健康飲料（ヤクルト）や、小袋に詰め替え、買いやすくした男性化粧品（マンダム）の活躍が話題になっている。また、大手衣料メーカー（ユニクロ）もグラミン銀行と提携し、BOPビジネスに参入するなどの新しい動きも出てきた。BOPビジネスではボリュームゾーン以上にいかに販路を開拓するかが重要な戦略となる。

経済産業省は二〇〇九年五月に「BOPビジネス政策研究会」を立ち上げ、学識経験者、企業関係者、国際協力関係者、NGO関係者、マスメディア関係者を委員とし、BOPビジネスの可能性や課題、政府支援のあり方を検討した。同研究会は、BOPビジネスは「現地における様々な社会的課題の解決に資することが期待される、新たなビジネスモデルだ」としている。

二〇一〇年二月に公表した報告書のなかでは、市場開拓支援のためのプラットフォームを創設し、広く情報発信することが提案された。多様なアジアの市場開拓には細分化された情報が不可欠であり、政府には、BOPに限らず、他の市場を含めた市場情報の発信を期待したい。

カンボジアの携帯電話ショップ（宮島良明氏撮影）

BOPビジネスは消費財を中心としたものと考えられるが、近年の最大の成功例は携帯電話ビジネスであろう。二〇〇八年の携帯電話の普及台数は中国では六億四〇〇〇万台、インドでは三億五〇〇〇万台、ASEAN諸国では三億八〇〇〇万台に達する。この普及台数からみて、携帯電話は、BOP市場に深く食い込んでいるとみなしてよいだろう。中国や東南アジアの農村に行っても、「ノキア（NOKIA）」や「サムソン（SAMSUNG）」の看板を掲げた小売店を多く見かける（写真）。携帯電話の普及が低所得者のライフスタイルに影響を及ぼしているのは間違いない。

BOPビジネスの成功には、企業がNGOなどとの協力を得ながら、すべての関係者が互恵関係（ウィン・ウィン関係）になるようなスタイルを構築することが重要であるが、さらに政府の後押しも必要である。すでに、アメリカでは、国際開発庁（USAID）が、民間企業と協力してBOPプロジェクトを推進する計画であり、多くの多国籍企業（シェル、エクソンモービル、コカコーラ、インテルなど）が参加しているという。

3　消費市場はどう広がっていくのか

消費市場の将来をどう描くか

近年のアジアにおける消費市場の拡大には、所得水準の上昇に加えて、次の三つの要因が寄与してきた。

第一に、外国企業がアジア市場開拓を本格化したことである。BOPビジネスがその典型的な例であろう。BOPビジネスの対象となる「低所得層」は昔から存在していた。それが消費市場として注目されるのは、企業側からの需要の掘り起こしがあったからである。

第二に、アジアの人たちの消費意欲が高まったことである。とくに携帯電話を含む通信手段の進歩は、人々のライフスタイルを変えた。いまや、住む場所に関係なく、商品やサービスの最新情報を得ることができる。

第三に、製品の価格が急速に低下してきたことである。たとえばタイでは液晶テレビ（四〇インチ）の価格は二〇〇七年の八万バーツ（約二五万円）から一〇年の二万バーツ（約六万円）と、四分の一に低下した。今まで手が届かなかった製品が、少し無理をすれば購入できるようになったのである。

このような外国企業による需要の掘り起こし、通信手段の発達による消費意欲の向上、大量生産と技術革新による製品価格の低下などがアジアの消費市場の拡大に寄与してきた。しかしながら、今後も消費市場を持続的に拡大していくためには、アジアの人々の所得水準が継続的に伸びていくことが必要であるのはいうまでもない。

『通商白書二〇一〇』は、アジアにおける「中間所得層」の家計人口が二〇二〇年には二〇億人に、「富裕層」のそれが二億三〇〇〇万人となるとの見通しを示した。「中間所得層」と「富裕層」の家計人口の合計は、アジアの全人口の三分の二を占めることになる。

このような見通しにおいてはアジアの持続的な成長と、所得配分の是正が前提となっていることに注意したい。通商白書は見通しの前提条件を示していないが、ここではＮＩＲＡ（総合研究開発機構）が、二〇一〇年六月に発表したシミュレーションから前提条件をみておきたい（柳川範之・森直子『アジアの「内需」を牽引する所得層』二〇一〇年）。

このシミュレーションでは、五〇〇一ドル以上（中間所得層以上）の家計人口が、二〇〇八年の九・四億人から二〇年には一九億五〇〇〇万人に倍増し、三万五〇〇一ドル以上の「富裕層」の家計人口は二億人を超えるとした。これは先に示した通商白書の見通しにほぼ等しい。さらに二〇三〇年には、「中間所得層」の家計人口は二五億九〇〇〇万人に増加し、「富裕層」のそれは一〇億人を超えるとした。これによれば、今後二〇年の間に、アジアに巨大な市場が形成されることになる。

このシミュレーションは、今後二〇年間に、アジア全域でこれまでの成長率が維持されることを前提条件としている。たとえば、中国の場合、一人当たりGDPが年平均八・三％増加することを見込んでおり、これに従えば二〇一〇年が約四〇〇〇ドルの中国の一人当たりGDPは、二〇二〇年に九〇〇〇ドルを超え、二〇三〇年には二万ドルになる。これに従えば、二〇二〇～三〇年の間に、中国は先進国となる。

そして第二の前提条件が、所得水準の上昇とともに所得分布が先進国と同じような構造になるとしている点である。つまり成長の果実は国全体に広がり、地域間所得格差は是正に向かう。中国でいえば、内陸部が沿海部をキャッチアップしていくことになる。

アジアの成長が今後もしばらく続くとはいえ、この前提条件は楽観的にすぎるのではないだろうか。

前述のように、世帯年間可処分所得が五〇〇〇ドル以下の「低所得層」が中国では全人口の六六％、ＡＳＥＡＮ５では六〇％、インドでは八一％を占めている。この「低所得層」が「中所得層」に移り変わることでさえ、そう簡単なことではない。このシミュレーションは、アジアの消費市場を持続的に拡大させるためには、アジア各国の成長力を維持し、格差の是正にいかに対処していくかが課題となることを示していると、読み替えるべきであろう。

地理的視点の導入

それでは、消費市場を含めてアジアの将来をどう描けばよいのだろうか。

本書では、これまでのアジアの発展を、「都市」を中心にして描き直し、地理的視点を取り入れることによってアジアの新しい発展メカニズムを提示したい。そしてその発展メカニズムがアジアの持続的な成長にどう関わるかを考え、その課題を考察したい。

その最大の理由は、アジア経済を語る上で、国レベルの経済指標が急速に有効性を失いつつあることにある。

中国の場合を考えよう。

中国の名目ＧＤＰは、二〇一〇年に日本のそれを超えたが、一人当たりに直せば、まだ日本との間に大きな格差がある。一人当たりGDPでは、日本が三万八〇〇〇ドルであるのに対し、中国のそれは四〇〇〇ドルを超えたところである。前述の購買力平価レートを用いても中国の一人当たりGDPは六〇〇〇ドルとなるものの、日本の三万五〇〇〇ドルに比べ、その差は六倍もある。

このように中国を国としてみれば、まだ途上国にすぎない。しかし、消費市場として注目を集める上海の一人当たりGDPは二〇〇九年に一万ドルを超えている。この一万ドルという水準は、世界銀行が中所得国と高所得国を分ける基準であり、その意味では上海市場は先進国並みになってきたということになる。このように全国レベルの平均値では、上海などの大都市の繁栄を見逃してしまうことになる。ちなみに購買力平価レートを用いれば、上海の一人当たりGDPは二万ドルを超える。

これは中国において地域間所得格差が大きいことに起因するが、同じようなことがASEAN諸国、インドにも当てはまる。一人当たりGDPが四〇〇〇ドルのタイにあってバンコク周辺のそれは一万ドルを超えている、一人当たりGDPが八〇〇〇ドルのマレーシアの場合には、クアラルンプール周辺のそれは一万五〇〇〇ドルと台湾の水準に匹敵する。

つまり、私たちは、アジア新興国の経済を語るとき、どの地域を対象としているのかを明らかにする必要がある。近年のアジアの急成長は、経済のグローバル化の影響を多分に受けていることは疑いないが、その効果は地理的に異なっている。先進国との貿易、投資、資金、人などの関係強化による恩恵を受けているのは、主に新興国の大都市周辺に限られる。

アジアの都市をどう捉えるか

アジア経済に地理的視点を導入する場合、最も基本的な視点として考えられるのは、都市と農村の区分であろう。

図1-5は、中国における都市部と農村部の一人当たり年間所得をみたものである。ここでいう都市部と農村部は行政区分に基づくものである。ちなみに二〇〇八年時点の中国における都市人口と農村人口の割合はおよそ四対六となっている。

所得水準は、都市部、農村部ともに、近年の目覚ましい経済発展のなかで、右肩上がりで増加してきた。都市部の一人当たり年間可処分所得は二〇〇〇年の六三〇〇元から〇九年には一万七二〇〇元へ、農村部のそれは同期間に二三〇〇元から五一〇〇元へ増加した。

図1-5　中国の都市部と農村部の1人当たり年間所得と格差の推移

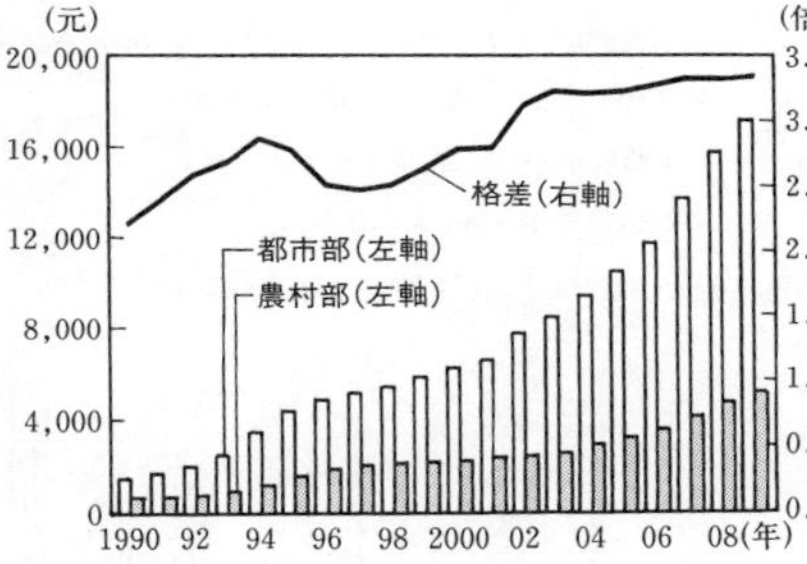

(出所)『中国統計年鑑2010』より作成

図1-6　中国都市の分類

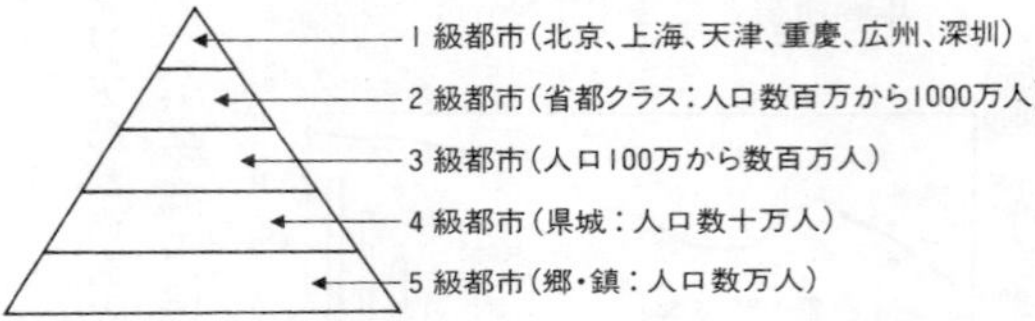

（出所）田中信彦（2009）「300もの「3級都市」が内陸市場攻略のカギに」

同期間に都市部の所得は二・五倍に、農村部も二・一倍に増加した。その意味では、どちらの市場も急速に拡大しているといえる。しかし格差も依然大きいままである。二〇〇八年時点で三・三倍であり、格差は一九八〇年代後半以降、拡大してきた。都市と農村には歴然とした格差がある。

　ただし、都市といってもその状況は地域によって大きく異なる。たとえば、二〇〇八年における上海都市部の一人当たり可処分所得は二万八八〇〇元と、全国平均の一万七二〇〇元よりも一・七倍高く、最も低い甘粛《かんしゅく》省の一万一九〇〇元とは二・四倍の格差がある。二〇〇六年のバンコク首都圏における都市部の所得も全都市平均よりもやはり一・三倍ほど高い。

　中国では、人口規模や重要度などから、都市を一級都市から五級都市に分類しているという（図1-6）。「一級都市」は、四直轄都市である北京市、上海市、天津《てんしん》市、重慶《じゅうけい》市と広東《カントン》省の広州《こうしゅう》、深圳で、一人当たりＧＤＰは一万ドルを超える。景観は先進国と変わりなく、高級品が売れる市場である。「二級都市」は人口が数百万人から一〇〇〇万人の都市で、省都クラスもしくはそれに相当する都市である。南京《ナンキン》、青島《チンタオ》、昆明《こんめい》などがこれに該当する。台湾資本のデパートが立ち並び、有名ブランドも多数進出している。「三級都市」は人口一〇〇万人から数百万人の都市である。高層ビルが少なく、流通では地元資本が圧倒的に強い。「四級都市」は通常「県城《けんじょう》」と呼ばれる人口が数十万人の都市で、ビルそのものが少なく、大型スーパーが進出したばかりの地域である。外国ブランドはほとんどなく、地元メーカーの製品がならぶ。そして、「五級都市」は「郷《ごう》・鎮《ちん》」と呼ばれる人口が数万人の都市であり、中心部に小売店が集まり、店頭に製品が山積みになっている。都市といっても多様であり、これらの都市をひとまとめにするには無理があろう。

さらに、アジアの大都市では、所得が先進国並みに高まりつつあるものの、その住民のすべてが裕福であるわけではない。都市内部にも格差があり、大都市ほどその格差は著しい。たとえば二〇〇九年の上海における都市部の所得上位二〇％の一人当たり年間可処分所得は五万八〇〇〇元である。これを世帯当たりに換算すれば一六万元（二万三〇〇〇ドル）になり、さらに購買力平価レートで換算すれば四万ドルを超える「富裕層」に相当する。上海の都市人口を仮に一〇〇〇万人と低く見積もっても、すでに二〇〇万人がこの水準にあることになる。

他方、最下位二〇％の世帯年間可処分所得は四万一〇〇〇元（六〇〇〇ドル）と「下位中間所得層」の下限をようやく超えた水準にあるにすぎない。これは最下位二〇%の平均であり、五〇〇〇元に満たない「低所得層」に属する人口も一〇〇〇万人単位で存在する。おおまかにみて上海は二〇%の「富裕層」、七〇%の「中間所得層」、一〇%の「低所得層」で構成されていると考えてよいだろう。

メガ都市とメガリージョン

本書では、このような都市と農村の格差、都市間の格差、都市内の格差を配慮し、アジアの地理的な経済発展のメカニズムを考えるために、「メガ都市」と「メガリージョン」の考え方を用いることとした。それぞれについての詳しい説明は後に行うが、「メガ都市」とは北京、上海、バンコク、クアラルンプールなどの大規模国際都市のことであり、「メガリージョン」とは、そのメガ都市を中心に広がる繁栄の領域を指す。メガ都市、メガリージョン、地方・農村の関係を図示したものが図1-7である。

一人当たりGDPが一万ドルを超える「メガ都市」は、「富裕層」が最も集中する地域である。もちろんメガ都市は、地方・農村からあらゆる人を引き付ける空間でもあり、「中間所得層」や「低所得層」も同時に多数抱えている。

そしてメガ都市の繁栄の領域は、周辺の中堅都市を巻き込んで拡大し、経済関係も緊密化

図1-7　メガ都市とメガリージョン

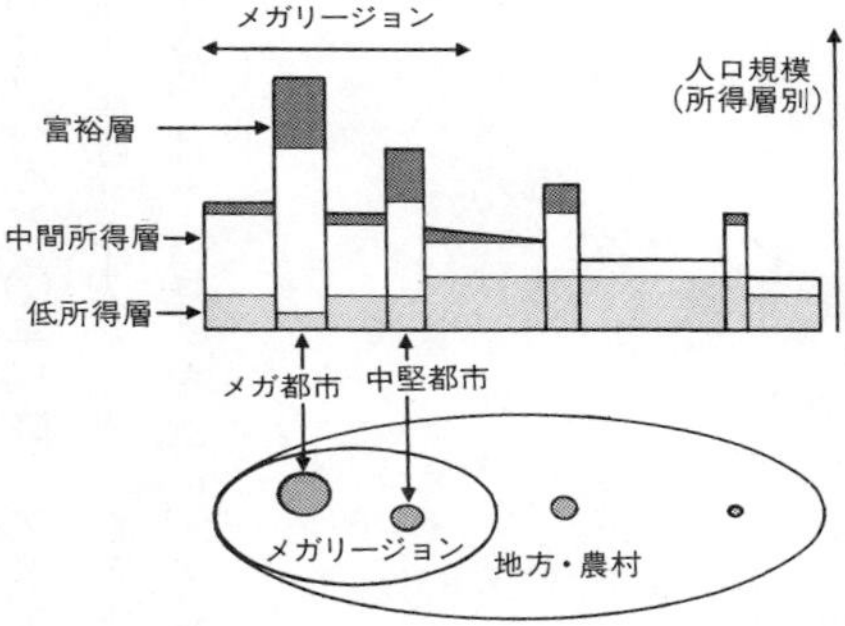

（出所）筆者作成

している。この領域全体を「メガリージョン」と呼ぶ。「メガ都市」と「メガリージョン」を、わかりやすく言えば、東京都が「メガ都市」に相当し、それと埼玉県、千葉県、神奈川県の都市とが連携して形成する「東京経済圏」が「メガリージョン」に相当する。

メガリージョンの特徴は、メガ都市と中堅都市に挟まれた農村も含まれることである。これらの農村の所得水準は高く、時には富裕層を含むこともある。これはメガ都市や中堅都市に隣接するため、これらの地域で働くことが可能であるからであり、またメガ都市のベッドタウンとして発展する場合も少なくない。

メガリージョンから遠い地方都市も富裕層を持つものの、その規模は小さく、むしろ「中間所得層」や「低所得層」が圧倒的に多い。メガリージョンの外にある農村では貧困率も高い。

こうして考えていくと、アジアの持続的な繁栄の条件は、メガ都市の国際競争力の強化であり、その繁栄がメガリージョンとして広がることであり、さらにその成果が地方・農村にまで浸透することであることがわかる。二〇〇〇年以降、アジア新興国の成長が著しいものになった原因のひとつは、メガ都市の国際競争力が高まったことにあるのだ。

次章ではバンコクを例に、アジアのメガ都市の形成と特徴についてみる。

第2章　メガ都市の台頭——フラット化するアジア

1　都市化するアジア

世界は都市主導社会に

本章は、私たちの住む世界が、すでに都市を中心とする社会に移行していることを確認することから始めたい。なぜなら、アジアを含めて地球レベルで都市化が新しい段階を迎えているからである。

都市は、今でこそ身近な存在になっているが、二〇世紀初頭に都市に住む人口の割合は、世界全体の一三%にすぎなかった。日本においても一〇%を少し超えた程度であり、実は一〇〇年前までさかのぼれば、都市は例外的な場所であった。

その都市人口が急増したのは、一九五〇年以降のことである。国連の『世界都市人口推計

(*The World Urbanization Prospects*)』によれば世界の都市人口比率(都市化率)は、一九五〇年の二九%から七五年に三七%、二〇〇〇年には四九%へ急上昇した。このことから二〇世紀は「都市化の世紀」とも呼ばれた。

そして、二〇〇八年、世界の都市化率がついに五〇%に達した。いまや世界の二人に一人が都市に住んでおり、世界全体が「都市主導社会」へ移り変わった。都市化率は、今後さらに上昇し、二〇二五年に五七%、五〇年には七〇%に達するとの予測もされている。二一世紀後半には、都市ではなく農村が特別な空間となるのだ。

もちろん都市化は、先進国でいち早く進展してきた。

先進国の都市化率は、一九五〇年にすでに五三%と過半数を超え、二〇一〇年には七五%に達した。五〇年には八六%となる見込みである。他方、途上国の都市化率は、一九五〇年には一八%と低水準にあったが、その後の上昇スピードは先進国を上回り、一九七五年に二七%、二〇一〇年には四五%へ上昇した。二〇年までに五〇%を超える見込みである。

世界人口が一九五〇年の二五億人から二〇〇〇年の六〇億人へ二倍強に増加する間に、都市人口は七億人から二八億人へ四倍も増加した。これに対して農村人口は一八億人から三三億人と二倍を下回っていたことを考えると、「人口爆発」ともいわれた二〇世紀の人口の急増は、出生率の高い農村ではなく、実際は都市において顕著であったことになる。

世界人口の増加率は一時期、年平均三％近くまで上昇したが、世界レベルでの出生率の低下を主因に、現在は一％を少し上回る程度にまで低下した。これに対して、都市人口の増加率は、低下傾向にあるもののまだ二％程度である。世界的にみれば「人口爆発」は終焉《しゅうえん》を迎えたが、都市における「人口爆発」はまだ続いているといえる。

図2 - 1　都市人口の推移

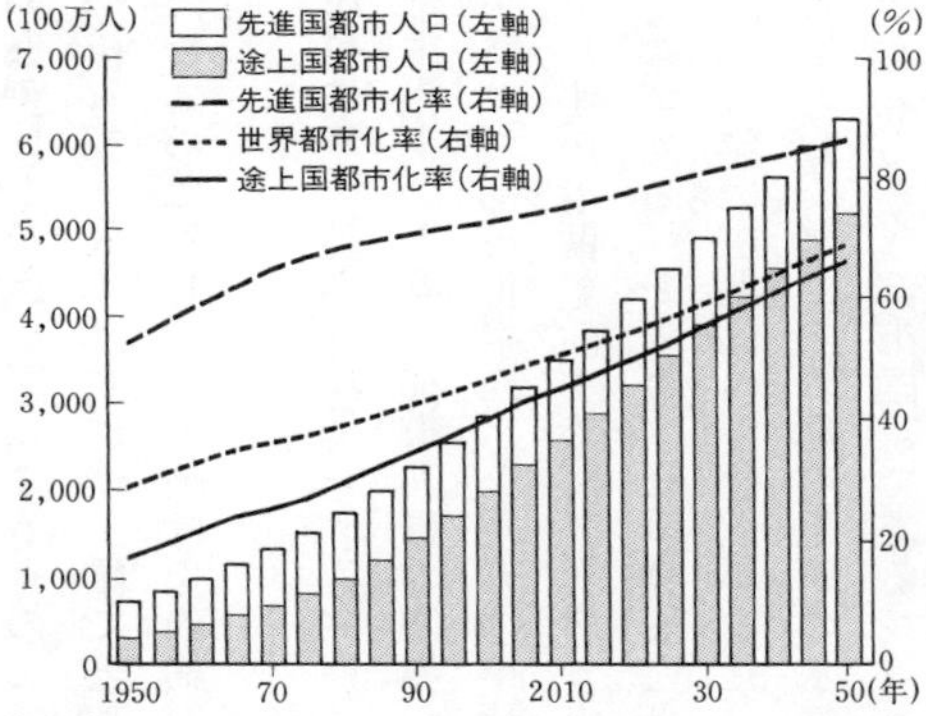

(出所) UN, *The World Urbanization Prospects : The 2009 Revision*

たとえば、二〇〇〇年から〇五年の間に世界の都市人口は三億人強増加した。毎年の増加分はおよそタイの人口（約六五〇〇万人）に相当する。都市人口の内訳をみると、途上国が圧倒的に多い。

一九五〇年の時点では、先進国の都市人口は四億人と、途上国の三億人を上回っていた。しかし、その後、一九六〇年代後半に途上国の都市人口が先進国を上回り、二〇一〇年には、途上国の都市人口は二五億六〇〇〇万人と先進国の九億三〇〇〇万人の三倍弱の規模に達している（図2－1）。また、増加の内訳をみると、その九割以上が途上国によるものである。

今後も都市人口は主に途上国で増加し続け、二〇五〇年には、先進国の都市人口が一一億人になるのに対し、途上国はその約五倍の五一億九〇〇〇万人になると予想される。

農村社会から都市社会へ

都市化率の上昇と都市人口の増加が最も著しい地域がアジアである。

アジアの都市化率は、一九五〇年時点では一六％と世界平均の二九％を大きく下回っていた。わずか半世紀前まで、アジアの人々の多くは、農村に住み、農業によって生計を立てていたのである。その後、経済発展とともに、アジアの都市人口は急速に増加し、都市化率は二〇〇五年に三九％へと急上昇した。アジアは今、農村社会から都市社会への過渡期にある。

もっとも、アジアの都市化率の水準は国・地域によって大きく異なる。二〇一〇年の都市化率をみると、都市国家であるシンガポールと香港の一〇〇％から、農村国家であるインドの三〇％まで、そのばらつきは大きい。そこで、インドを除いた東アジアを対象に都市化率を再計算すると、一九五〇年は一六％と同水準であるが、二〇〇五年が四五％と、都市化のスピードはさらに速いことが判明する。都市化率は二〇一〇年に四九％となり、東アジアでも社会の主導権がまもなく農村から都市へと移行することがわかる。そして、二〇五〇年には七二%に達する見込みである。インドを含むアジアの都市化率も、二〇二五年頃に五〇%を超え、五〇年には六六%になる。

いずれの国・地域も所得水準の上昇とともに都市化率が上昇してきた点で共通している。図2-2は、一九九〇年と二〇〇九年の都市化率と所得水準の関係をみたものである。都市化の水準や上昇の速度は異なるものの、この二〇年間の経済発展により、すべての国で都市化が進展してきたことがわかる。

図2-2　都市化率と1人当たりGDP

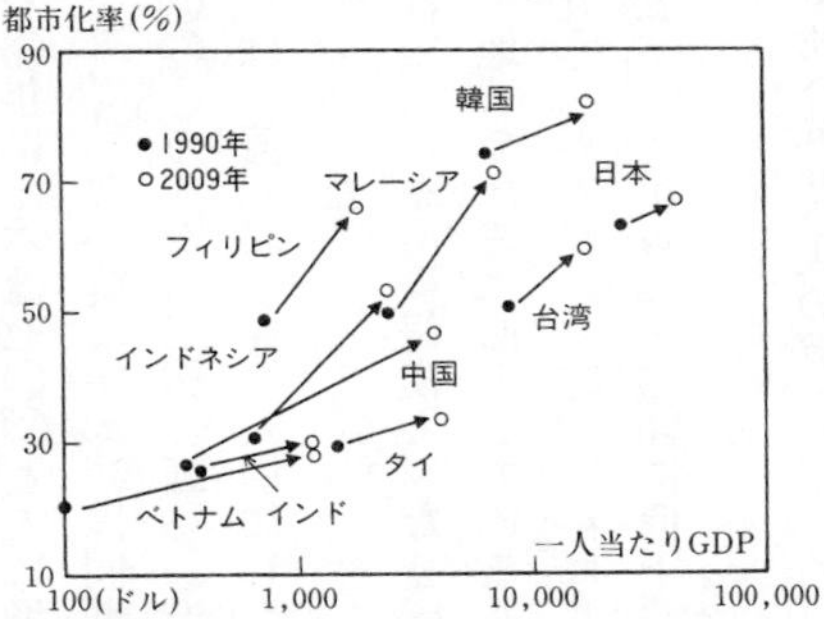

(注) 都市化率が100%のシンガポール、香港を除く
(出所) UN, *The World Urbanization Prospects : The 2009 Revision*, ADB, *Key Indicators*, 2010 より作成

アジアにおける都市人口は、一九五〇年の一億九四〇〇万人から、二〇一〇年には一三億六八〇〇万人へと七倍に増加した。これにともない、アジアの都市人口が世界に占めるシェアは、二六・四%から三九・一%へ大幅に上昇した。アジアを世界の成長センターに押し上げた原動力が、拡大する都市であったことは明らかである。

増加する都市人口は、中国やASEAN諸国、インドなどのアジア新興国に集中している。中国の都市人口は、一九五〇年の七二〇〇万人から二〇一〇年には六億七〇〇〇万人に増加した。またASEAN5（タイ、マレーシア、インドネシア、フィリピン、ベトナム）は同期間に二四〇〇万人から二億六三〇〇万人に、インドも一億六〇〇〇万人から三億六五〇〇万人に増加した。二〇〇〇年から〇五年の間にアジアの都市人口は三億六二〇〇万人増加したが、その九五％以上が中国、ASEAN5、インドによるものであった。

都市人口を市場規模とみなせば、アジアの市場は中国、ASEAN5、インドという新興国・地域で急速に拡大していることになる。ちなみに、わが国の都市人口は、一九五〇年の二九〇〇万人から二〇〇五年に八四〇〇万人へ増加したものの、アジア全体に占める割合は一五・〇％から七・〇％に低下している。

都市へ向かう人の波

次に都市人口が増加した原因を考えてみたい。

都市の定義は、各国の行政区分に基づく。したがって区分の変更による都市区域の拡大により都市人口が不連続に増加したりすることがあるが、一般的には、都市人口増加の原因は、①都市区域内の「自然増加」と、②都市以外の地域からの移動による「社会増加」の二つの要因から説明されることが多い。いずれの要因が強いかは、地域や国、あるいは時期によって異なる。河野稠果『世界の人口』(二〇〇〇年)によれば、南米の国々の場合は、都市区域内の高い出生率が都市人口の増加の主因であった。

しかし、アジアの都市では、総じて他の地域からの人口流入の影響のほうが強かった。このことを「社会増加指数」という考え方を用いて確認しておこう。

社会増加指数とは、都市人口の社会増加率(人口移動による増加率)を、自然人口増加率(都市区域内の増加率)で割ったものである。すなわち、社会増加率と自然増加率とを比較し、この指数が一を超える場合は社会増加の影響が強く、逆に一を下回る場合は自然増加の影響が強いことを示す。ただし、実際の計算に際しては、都市部の自然増加や人口移動のデータの入手が困難であり、行政区分の変更による調整も難しい。ここでは便宜上、都市人口の自然増加率が全国人口増加率に等しいと仮定し、社会増加率は都市人口増加率から全国人口増加率を差し引いた値として計算した(ここで示した式は次ページの図2-3を参照)。

図2-3は、一九九〇年と二〇〇五年の二時点から国・地域別の社会増加指数を計算した結果である。アジア全体では一・四であるが、インドを含まない東アジアについて再集計すると二・三と、〇・九も高くなる。これは、東アジアの都市人口の増加において人口移動の影響がいかに強かったかを示すものである。

とくに中国における社会増加指数が三・五と高い。期間を五年ごとに区切ってみると、一九九〇～九五年の二・七から一九九五～二〇〇〇年に三・三へ、さらに二〇〇〇～〇五年には五・〇へ上昇した。これは、総計二億五〇〇〇万人と推計される「農民工」と呼ばれる出稼ぎ労働者が都市へ移動したことを反映したものと考えられる。

　中国においては、人口移動が都市の規模拡大に及ぼす影響は決定的に大きい。たとえば、広東省の深圳は、一九八五年には一八万人にすぎない小さな町であったが、二〇〇五年には七九〇万人の巨大都市に変貌した。深圳は人口移動だけで形成された都市といってよい。

図2-3　社会増加指数の比較（1990－2005）

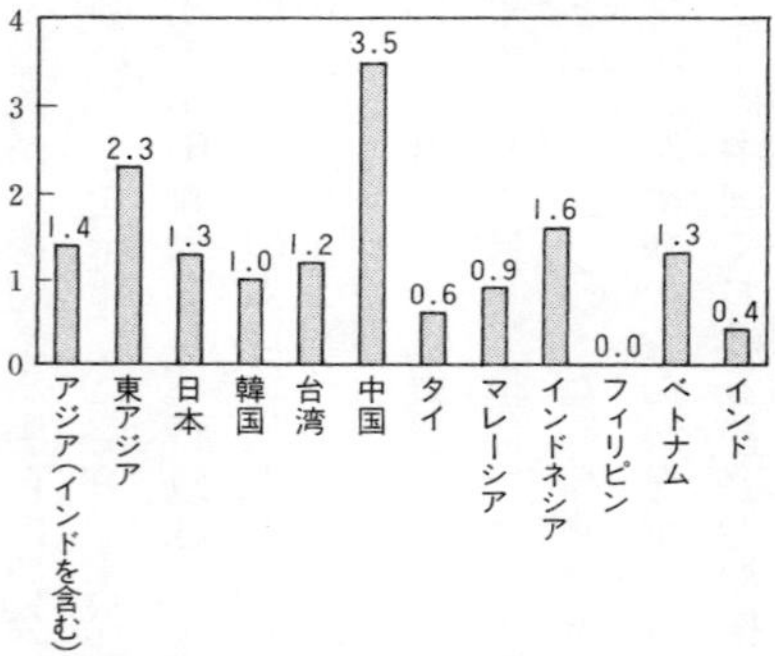

社会増加指数＝都市人口の社会増加率／都市人口の自然増加率

≒（都市人口増加率－全国人口増加率）／全国人口増加率

（出所）UN, *The World Urbanization Prospects: The 2009 Revision*, ADB, *Key Indicators*, 2010 より作成

巨大都市の出現と過剰都市化問題

　二〇世紀の都市化の特徴は、都市化率の急上昇に加えて、大都市の出現であった。これら大都市は「メガロポリス」とも呼ばれた。五〇〇万人以上の人口を有する大都市は、一九五

〇年にはニューヨーク、東京、ロンドン、パリ、モスクワ、ブエノスアイレスの六都市しか存在しなかった。しかし、二〇〇五年には、世界で四九都市を数え、このうちアジアでは、日本が二都市（東京と大阪）、中国が七都市（上海、北京、広州、深圳、天津、重慶、武漢《ぶかん》）、NIESが二都市（ソウル、香港）、ASEAN5が四都市（マニラ、ジャカルタ、バンコク、ホーチミンシティ）、インドが七都市（デリー、ムンバイ、コルカタ、チェンナイ、バンガロール、ハイデラバード、アマダバード）と二二都市を数える。

アジアにおける五〇〇万人以上の都市が都市人口全体に占める割合は一九五〇年の五・八%から二〇〇五年には一九・五%へ急速に高まっており、都市人口が大都市に集中する傾向が強まっている。

前述のように、経済発展にともなって都市化率の水準は上昇する傾向にあるが、他方都市には、移動による人口増加が経済発展を促すという「都市経済のロックイン効果」がある。

これは、次ページ図2－4のようなプロセスである。まず、都市人口の増大が市場を拡大させる。この市場の拡大に対応した分業を含む大量生産システムが形成され、同システムから生産される多様で安価な製品・サービスは、都市の経済社会をより豊かなものとし、都市住民の賃金を引き上げる。賃金の上昇は都市への追加的な人口移動を誘発する。この循環が都市をますます大きくするよう作用する。

図2-4　都市経済のロックイン効果

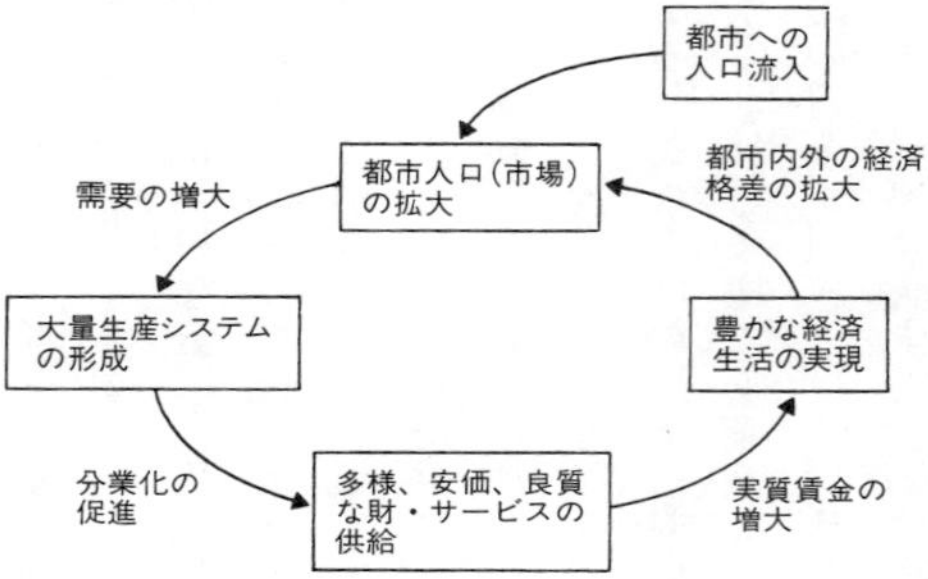

（出所）杉浦章介（2003）『都市経済論』

しかし、この都市のロックイン効果の程度は、国・地域によって大きく異なる。むしろ途上国の大都市は、巨大な人口を抱えるものの、ロックイン効果を十分に享受できなかった。なぜなら、途上国の大都市が抱える人口は、その雇用能力をはるかに超えていたからであり、ロックイン効果の想定する市場の拡大を促す力が弱かったからである。途上国では都市化率の水準が上昇すれば、経済発展が必然的に進むわけではないことに注意したい。

途上国の大都市における過剰な労働力の存在を、最初に指摘したのは、ILO（国際労働機関）が発表した『ケニアレポート』（一九七二年）であった。絵所秀紀『開発の政治経済学』（一九九七年）は、多くの低所得者層が従事する仕事は、①参入が容易であること、②現地の資源を利用していること、③企業ではなく家族経営であること、④小規模経営であること、⑤労働集約的で技術水準が低いこと、⑥その技術が教育制度の外部から獲得されたものであること、⑦規制のない競争的な市場であること、と整理した。

これらの仕事は、「インフォーマルセクター」と呼ばれる。具体的な職種でいえば、小商人、露天商、行商人、日雇い労働などの雑事的なサービス部門がそれに相当する。最近では、タクシーの運転手などもインフォーマルセクターに含まれることが多い。

この途上国の都市の問題は、雇用に加え、食料や住居環境の供給能力に対して人口が過剰であることから、「過剰都市化（over-urbanization）」と表現されてきた。途上国の大都市は、多くの失業者を抱え、劣悪な環境汚染に悩まされ、犯罪の多発する地域として、先進国の都市とは明確に区分されてきたのである。

早瀬保子は『アジアの人口』（二〇〇四年）のなかで、この過剰都市化を「都市化が工業化（経済発展）と無関係に進行する状況」と表現している。インフォーマルセクターを主たる働き口とする人々が集団となって暮らす場所は「スラム」と呼ばれた。

このように途上国の大都市では過剰な労働力が問題になっていたにもかかわらず、農村からの人口移動は止まらなかった。これについて、マイケル・P・トダロ『M・トダロの開発経済学』（一九九七年）は、農村から都市への移動者は農村の実質賃金を都市のそれと比較して移動を決定するのではなく、都市に移住した場合期待できる利得、すなわち「期待所得」を比較するというモデルを示した。つまり都市に行けば失業の可能性もあるが、高所得を得られる可能性もあるという「期待」が強く影響すると考えたのである。実際に、途上国の大都市が、失業者が多いにもかかわらず、多くの人々を吸収し続けたのは、そこが、貧困から抜け出せるかもしれない「期待の場所」であったからである。

このように「過剰都市」として区分されたアジア新興国の大都市が、現在では消費市場として期待される地域へと変化してきたということは、結論からいえば、経済発展のなかで過剰都市化問題を徐々に克服してきたことを示すものにほかならない。アジア新興国の都市は、途上国型都市から先進国型都市へと移行する過程にある。このような新興国の大都市を過剰都市と区分するため、本書では「メガ都市」と呼ぶ。

アジアの市場を捉える上では、これらのメガ都市がいかに途上国問題を克服してきたか、そして先進国をどこまでキャッチアップしているのかを明らかにする必要がある。そして、アジア市場の将来展望には、これらメガ都市の競争力強化が重要なカギを握る。

次節以下、タイ・バンコクの発展からこの点を考えてみたい。

2　過剰都市化からメガ都市へ

過剰都市バンコク

二〇〇九年のタイの一人当たりGDPは四〇〇〇ドル弱にすぎないが、首都バンコク（タイではクルンテープと呼ばれる）のそれはほぼ一万ドルである。バンコク中心街は高層ビルが立ち並び、その景観は先進国並みである（写真）。

しかし、バンコクも、つい最近までは、過剰都市化問題に悩む途上国の巨大都市であった。バンコクは、一八世紀にミャンマー軍を倒したタークシン王がアユタヤーから都を移した地域で、それまではチャオプラヤーデルタの河口に位置する小さな町にすぎなかった。アユタヤーの機能を受け継いだことで、バンコクはアジア地域の中継ぎ貿易の拠点となったが、一九世紀前半の人口は五万人でしかなかったという。というのも高谷好一『新世界秩序を求めて』（一九九三年）によれば、バンコクを取り巻くデルタ地域は、雨季には二メートル近く水がたまり、乾季にはひび割れが発生するほどに干上《ひあ》がるという地域であり、人々の居住には適さなかったからである。

バンコクの拡大は、タイの近代化によってもたらされた。その契機は、一八五五年に英国と締結したボーリング条約であった。

ボーリング条約はイギリスの治外法権を認め、

バンコク中心街（筆者撮影）

輸入税を一律三%とするなど、タイの関税自主権を認めない不平等条約であった。最も影響を受けたのは王室で、これにより王室の独占貿易が崩壊した。王室は新たな財源を確保するため、コメ輸出のためにチャオプラヤーデルタの開拓に乗り出した。一八六一年に、国王がマハーサワット運河を掘ったのを皮切りに開拓が始まり、農民の入植にともなって、デルタ地域は水田に変貌した。またタイのコメを近隣の植民地の食糧とする点で英国との思惑が一致したことは、コメの輸出とデルタ開拓に拍車をかけた。一八八八年には開拓専門の会社が設立され、開拓された土地は、王室や貴族たちに分譲された。

デルタの開拓に合わせて、コメを作付けするだけでなく、輸出業務を営む者などが移り住み、バンコクは徐々に都市の景観を持つようになった。運河沿いの土地価格は一八八〇年から一九〇一年の二〇年の間に三五倍になったという。

タイの最初の人口センサス(国勢調査)によれば、一九一九年にバンコクの人口はすでに五三万人にまで膨《ふく》れ上がっていた。その後もバンコクは人々を引き寄せ続け、一九五〇年代には一〇〇万人を超え、七〇年には三〇〇万人、八〇年には四七二万人に達した。一九五〇年から八〇年までのバンコクの人口増加率は年平均四%を超えた。

タイの都市のなかではバンコクだけが巨大化し、第二位の東北タイに位置するナコーンラーチャシーマー(コラート)は二〇万人と、大きな格差があった。バンコクの人口は国全体の一〇%を超え、都市人口の四割を占めた。このように、極端に人口が集中した第一位の都市は、「首位都市（プライメイト・シティ）」と呼ばれる。

バンコクへの人口移動は、長い間、隣接する中部からのものが最も多かったが、一九七〇年代後半以降、東北部からの移動が中部地域を上回った。東北部は、タイ国内で最も所得水準の低い地域であり、バンコクの工業化にともなう雇用拡大による「プル要因」と東北部タイの過剰労働力による「プッシュ要因」がバンコクへの人口移動を促進したという分析がある。

一九六〇年以降、バンコクの工業用地化と住宅化が進み、水田は急速に姿を消していった。一九八〇年のバンコクは工業中心地であり、全国の製造業の付加価値額の約半分を占めていた。しかし、雇用吸収能力は十分ではなかった。国レベルの工業部門の就業人口は、一九七〇年の二一万人から八〇年に四三万人に倍増したものの、絶対数では少ない。これでは、バンコクに流入する人々だけでなく、バンコク住民に雇用を与えるにも十分ではなかったことは明らかである。

その結果、バンコクでは労働力がつねに過剰で、その多くは、露天商やサムロー（タイ式人力車）の運転手、家政婦などの低所得サービス部門（インフォーマルセクター）に滞留することになった。バンコクは、途上国、とくに東南アジアの過剰都市化の典型として注目され、その交通渋滞や環境汚染、スラム、インフォーマルセクターなどは、途上国の都市問題を考える上で格好の研究対象となった。

これに対してタイ政府は、「第三次経済社会開発計画（一九七二〜七六年）」のなかで、バンコクの過剰都市化問題を重要取り組み課題に採り上げ、その対策として家族計画の推進による人口抑制策と、工場の地方分散化策を進めることを計画に盛り込んだ。

途上国の政府が採用する人口抑制策としては、中国の「一人っ子政策」が有名であるが、タイでも、避妊具の使用による家族計画の徹底、多産な家庭への養育手当ての削減、避妊手術への補助金の付与など、半ば強制的な産児制限が実施された。その結果、バンコクの合計特殊出生率（一人の女性が生涯に出産する子供の数）は一九八〇年の三・二から九〇年に二・二、二〇〇〇年には一・六へと急速に低下し、都市内部の人口圧力は急速に低下した。

他方、政府、とりわけ投資委員会（BOI）が郊外への工場移転に対して優遇措置を適用することで企業のバンコク集中を回避しようとした。これは、バンコクでの用地手当てが困難になったこととあいまって、近隣県への工場移転を急増させる力となった。さらに、バンコクで勤務する人たちも、近隣県にマイホームを構えるようになったこともあり、一九八〇年代以降のバンコクの人口増加率は低下した。先に述べたように、一時四％を超えたバンコクの人口増加率は、一九八〇年以降は急速に低下に向かい、九〇年代には一％を下回るようになった。

プラザ合意と外国企業の進出

途上国の都市が過剰都市から抜け出せないのは、都市の雇用能力を超える過剰人口の存在だけが原因ではない。前述の都市経済のロックイン効果でいえば、分業体制を構築する条件が整っていなかったことの影響も大きい。アダム・スミスが指摘するように、分業の進展には「資本」と「市場」を必要とするが、バンコクを含めて途上国の都市には、その双方が欠けていたのである。ところが、バンコクを含めてアジア新興国の大都市は、外国企業の進出を受け入れることで、その「資本」と海外という「市場」を手にすることができた。その結果、徐々に「過剰都市」から脱却することができたのである。

バンコクの例でいえば、一九八五年のプラザ合意以降の日本企業を含む外国企業の進出が、その契機になった。

プラザ合意とは、一九八五年九月にニューヨークのプラザホテルで行われた日本、アメリカ、西ドイツ、フランス、英国のG5蔵相会議であり、米ドル高是正を目的とした協調介入の合意をいう。これにより円やNIES現地通貨のドルに対する政策的調整が進んだ。円の年平均対米ドル為替レートは、一九八五年の二三九円から八六年に一六九円に、八八年には

図2-5　外国直接投資受入額（ネット）

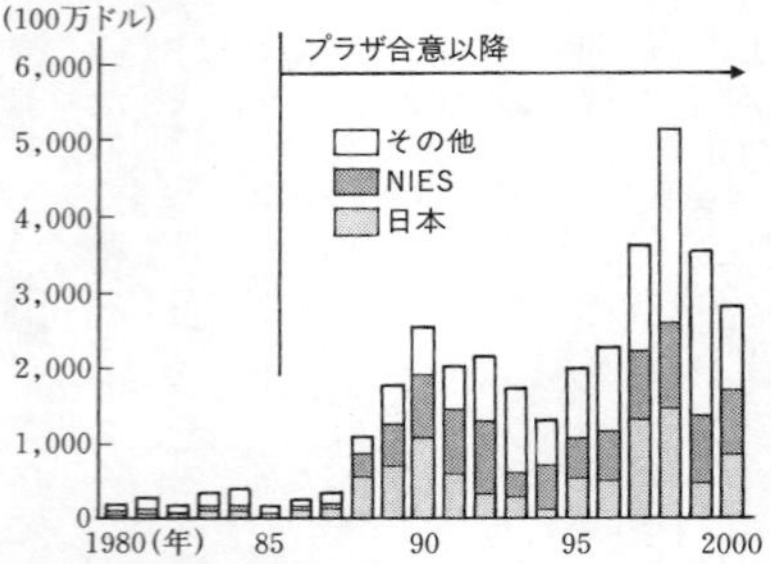

（出所）タイ中央銀行統計より作成

一二八円へと一気に急騰《きゅうとう》した。わずか三年間のうちに日本円の価値はドルベースで二倍になったことになる。輸出競争力を失った日本企業、同じように自国通貨高に見舞われたNIES企業は、中国やASEAN諸国への進出を加速した。

図2-5は、タイの一九八〇年以降の外国直接投資受入額（国際収支ベース）の推移をみたものであるが、八五年以降のトレンドが、それ以前のものとはまったく異なっていることがわかる。一九八五年の一億六〇〇〇万ドルから九〇年には二五億四〇〇〇万ドルに増加している。国別・地域別にみると、日本がおよそ四割、NIESが三割を占めた。ちなみに、一九八〇〜二〇〇〇年までに流入した外国直接投資累計額は三二九億ドルに達した。これら外国直接投資が経済発展のための資本不足を埋め合わせ、経済成長を支えたことはいうまでもない。

当時の日本とNIES企業のASEAN諸国への進出は、衣料や靴・革製品などの労働集約的産業が中心であった。日本や韓国、台湾から原材料をASEAN諸国に送り、そこで加工を施し、欧米市場へ輸出したのである。これは「三角貿易」と呼ばれた。また、なかには、食品加工業のように、ASEAN諸国で獲れるエビや鶏を加工し、冷凍した上で日本に輸出する「加工貿易」、日本からみると「開発輸入」という貿易も広がった。

外国企業の進出によりタイの輸出構造は大きく変化した。工業製品が一九八五年の三〇億四〇〇〇万ドルから九五年には四一八億四〇〇〇万ドルへ、一〇年間に一〇倍以上になった。これにともない、輸出に占める工業製品の割合も四二・七%から七四・二%へ上昇した。当初は円高回避のための生産でアメリカ向けに輸出されていたが、後には日本への輸出（いわゆる逆輸入）が増えた。アメリカ向け輸出は一九八五年の一四億ドルから九五年には一〇一億ドルへ、日本向け輸出は、一〇億ドルから九五億ドルへ、それぞれ増加した。

バンコク周辺を志向する企業

このような外国企業の生産拠点は、当初バンコクに集中した。もっとも、より正確にいえば、バンコクではない。バンコクの中心部は土地価格が高く、工場を建設するのに必要な大規模な用地をみつけることが容易ではなかったし、政府もバンコク以外に工業団地公団が造成する工業団地（IE）を準備したからである。工業団地とは、工業用地のほか、電力、水道、倉庫など生産に必要なインフラストラクチャーを事前に整備した区画のことで、さまざまた認可手続き代行や労働者の斡旋《あっせん》なども同時に行う。またそこへ進出する企業には、出資比率や輸出比率に応じて輸入関税や法人税の追加的な減免措置が適用された。

タイ政府は、工業団地を全国に建設し、またバンコクから離れれば離れるほど、法人税や輸入関税の減免などの優遇措置を厚くすることで、外国企業を地方へ分散させようとした。しかしながら、外国企業がその生産拠点の立地として選択したのは、大都市周辺に位置する工業団地であった。

図2-6は、投資委員会が認可した日本からの投資額を地域別に区分したものである。ちなみに一九七三年から二〇〇六年に認可された日本の投資累計額は一兆六四七五億バーツ（約五兆円）であった。

図2-6　日本の対タイ投資認可地域の比率

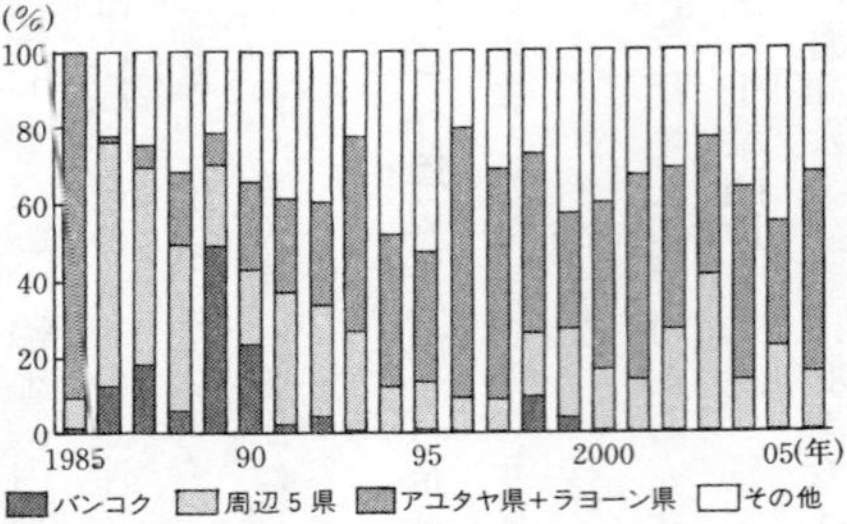

（注）周辺５県は、ノンタブリー県、パトゥムターニー県、サムットプラガーン県、サムットサーコン県、ナコンパトム県

（出所）タイ投資委員会（BOI）資料より作成

図中では、投資奨励企業の地域を、①バンコク、②周辺五県（ノンタブリー県、パトゥムターニー県、サムットプラガーン県、サムットサーコン県、ナコンパトム県）、③アユタヤー県とラヨーン県、④その他に区分した。②、③はいずれもバンコク周辺の県である。

年ごとに違いはあるものの、日本企業の進出先がバンコクから周辺五県へ、そしてアユタヤー県、ラヨーン県へと比重を移してきていることがわかる。

このように日本企業がバンコク周辺を選択した理由は、そこが、安定的に安価な労働力を確保でき、かつ生産・輸出に適したインフラストラクチャーが整備され、迅速《じんそく》な行政サービスの提供を受けられたからである。この動向は、他の外国企業も同じであった。

日本企業をはじめとする外国企業がバンコク周辺を投資地域に選んだこと、地場企業もバンコク郊外に工場を移転したことがあいまって、製造業の付加価値に占めるバンコクの割合は、一九九〇年の四七％から二〇〇〇年には一九％へと一気に下がり、〇七年には一四％に低下する一方、バンコク周辺五県のそれは逆に二八％から三二％、そして三三％へ上昇した。さらに、アユタヤー県とラヨーン県を加えた七県でみると、その割合は三〇％、五〇％、五三％へ上昇する。つまり製造業の付加価値を生み出す地域は、バンコクからバンコク周辺へと移動したのである。

製造業部門の就業人口をみると、バンコクでは一九八〇年の四三万人から九〇年に七七万人に増加した後、二〇〇〇年には五八万人に減少した。他方、バンコク近郊の五県とアユタヤー県とラヨーン県を加えた七県のそれは、一九八〇年の二五万人から九〇年に五二万人、二〇〇〇年には八六万人へ増加した。以上の数字からも、工業化の中心がバンコクからバンコク周辺へ移動したことがわかる。

産業クラスターの形成

外国企業の進出は、時間とともに量的拡大に加え、軽工業から重工業、そして技術集約的な産業へと移り変わるという質的変化をともなった。バンコク周辺は、単なる工業地帯から世界的な輸出生産拠点になった。さらに一九九七年に起こった通貨危機を乗り越え、それまでの、輸入した原材料・部品・中間財を用いて加工し、輸出するという単なる加工地から、部品や中間財を生産する関連企業が多数集まる産業クラスターへと変化した。

産業クラスターとは、「ある特定の分野に属し、相互に連関した企業と機関からなる地理的に近接した集団」のことを指す。

『通商白書二〇〇〇』は、東アジア地域における産業クラスターの形成過程について、外国企業による加工組立企業の立地が進んだことを受けて部品企業の進出が促され、それら部品企業の集積が魅力となって加工組立企業がさらに進出するという、集積が集積を生む好循環があったことを指摘した。加えて、産業クラスターの形成には、現地政府が裾野《すその》産業（サポーティング・インダストリー）育成に支援を行い、地場企業が徐々に育ってきたことも寄与した。さらにメガ都市に隣接する生産拠点は、メガ都市からの優秀な人材を活用し、メガ都市が生産した製品の消費市場となったことで産業クラスターの成長を支えた。

たとえば、東部臨海地域（ラヨーン県）では自動車関連の産業クラスターが形成されたが、これにはタイがASEAN諸国のなかでは早い段階からモータリゼーションが進んだ国であったこと、一九八〇年代までに自動車部品の国産化政策に対応して外資系自動車メーカーが進出していたことなどが寄与した。九〇年代になると、政府の規制緩和と優遇措置を受けて、これら自動車メーカーはタイを戦略的に輸出拠点と位置づけた。他方、政府は自動車産業育成の中心地として東部臨海工業地域の整備を進めていく。その過程で、一九九〇年代半ばにはタイ国内の自動車販売台数は年間五〇万台を超え、東南アジア最大の市場となったこともあって二次加工メーカー、三次加工メーカーが相次いで進出した。集積が集積を生み出し、自動車産業の「規模の経済」が働くようになったのである。

「規模の経済」とは、生産量の増大によって生産一単位当たりの平均費用が逓減《ていげん》する効果であり、大規模生産によって生産効率が上昇することをいう。企業内だけでなく、複数の企業が集まることによっても、規模の経済の効果は発揮される。具体的には、重工業の工場群からなる工業地帯や裾野産業が集まったクラスターなどがこれに該当する。

このような生産に有利な諸条件と政策に加えて、採算を見込めるという国内市場があったことから、二〇〇〇年以降、多くの外資系自動車メーカーがタイを世界向け輸出の生産拠点のひとつとみなすようになった。なかでも、タイでは地方でのピックアップトラック（農産物を運ぶための商用車）の需要が高いこともあって、同トラックの世界最大の生産拠点となっている。さらに二〇〇七年に積極的にエコカーの生産誘致を行ったことが奏功し、一〇年からはエコカーを中心とする小型乗用車の輸出が増加した。日産自動車は新型マーチを日本向けに生産輸出し、三菱自動車は乗用車の生産ラインをタイへ移すことを決定した。二〇一〇年の生産台数は過去最高の一六〇万台を突破し、一二年には二〇〇万台を超える可能性が出てきた。

これらはエコカー誘致策や円高という環境変化によるところが大きいが、それ以上にタイに自動車の産業クラスターとしての基盤が形成されていたことが寄与している。

タイには、東部タイ（ラヨーン県、チョンブリー県）を中心とするこの自動車クラスターとは別に、アユタヤー県を中心とするＩＴ部品・製品の集積地がある。世界のＨＤＤの三割以上がここで生産されている。

二〇〇八年に発生したリーマンショック以降、世界金融危機が深刻化するなかで、タイを含む輸出依存度の高い国の経済脆弱《ぜいじゃく》性が批判され、外需依存の経済成長から内需主導の経済成長への転換を急ぐべきだという指摘がなされた。しかし、タイでは、政治混乱が続くなかで、新興国の景気回復の恩恵を、輸出を通じて享受し、国内政治問題の損害を穴埋めするだけでなく、内需拡大にも好影響を及ぼすという予想以上の回復力を示すことができた。これは、危機前に競争力のある産業クラスターが形成されていたおかげである。

近年、この産業クラスターが、道路や鉄道などの輸送インフラの整備を介して、バンコクと一体化し、「バンコク経済圏」を形成するようになっている。バンコクからアユタヤー県のIT関連産業クラスターへはハイウェー三二号線の完成により車で一時間弱、ラヨーン県の自動車産業クラスターへはハイウェー三四号線の完成により二時間弱でアクセスできるようになった。

このようにメガ都市バンコクと産業クラスターが結合することで、その間に位置する地域の所得水準も向上し、メガ都市を中心とした経済圏の外延は拡大した。

図2-6が示すように、一人当たりGDPが高い地域は、バンコクを中心にして北東に拡大している。これに属するバンコク、ラヨーン県、サムットサーコン県、アユタヤー県、サムットプラガーン県、チョンブリー県、チャチュンサオ県、サラブリー県、パトゥムターニー県のGDP合計額は、実にタイ全体の五八%を占める。そして、同地域の一人当たりGDPは一万一五〇〇ドルと、世界銀行の定義する「高所得国」の水準に達しており、その人口は一三五〇万人となる。

他方、その他の地域は、五四〇〇万人の人口を有するものの、GDPに占める比率は四二

%でしかなく、一人当たりGDPは二〇六〇ドルと、「低位中所得国」の水準を超えていない。タイではバンコクとその他の地域の経済格差が指摘されるが、実際はこのように、バンコクを中心とする経済圏とその他の地域の格差が大きいのである。このことが近年の社会不安の根源にある。この点は第5章で取り上げる。

消費市場としてのバンコク

一九八〇年代後半以降の工業化のなかでタイは様変わりしたが、その象徴がバンコクであることは疑いない。バンコクの一人当たりGDPは一万ドル弱であり、購買力平価でみれば二万ドル前後に上昇する。

一九九九年には高架鉄道（BTS）が、二〇〇四年には地下鉄が開通した。交通渋滞は解消されたわけではないが、市内の移動の利便は格段に向上している。市の中心部と近郊とを結ぶ高速道路も次々に建設され、二〇一〇年にスワンナプーム新空港との間にエアポートリンクという高速鉄道が開通した。

バンコク首都圏（バンコクとノンタブリー県、パトゥムターニー県、サムットプラガーン県）の家計調査をみると、月平均収入一万五〇〇〇バーツ（年間世帯収入で約一万八〇〇〇ドル）以上の世帯が二〇〇〇年時点で一〇%存在し、二〇〇四年には一三%、二〇〇七年には一九

％に増加した。二〇〇七年の内訳をみると、そのうち五万バーツ（年間世帯収入で約六万ドル）の世帯が一・三％も存在する。バンコク首都圏の人口を八〇〇万人と見積もれば「富裕層」が一六〇万人いることになる。

遠藤元『新興国の流通革命』（二〇一〇年）によれば、バンコクに住む人々のライフスタイルは着実に先進国化しており、それに合わせて流通業界も大きく変化したという。とくに、コンビニエンスストアの急増には目を見張るものがある。二〇〇九年時点で全国のコンビニエンスストアの数は九九一八店舗を数える。そのなかで圧倒的に多いのは「セブンイレブン」であり、五二七〇店舗である。セブンイレブンとしては日本、アメリカに次ぐ第三位の店舗数である。タイのセブンイレブンは、タイ食品大手CPグループがライセンス経営するもので、二〇〇九年時点で全体の四九％の二六〇三店舗がバンコクと周辺県にある。

タイ・セブンイレブンの年次報告によれば、現在はカタログ販売、書籍や医薬品、化粧品などの販売、挽《ひ》きたてのコーヒーや焼きたてベーカリーの販売など日本並みの多様なサービスを提供している。二〇〇九年のセブンイレブンの売上げは一〇九一億バーツ（約三〇〇〇億円）であり、一四年までに七〇〇〇店舗へ拡大したいと意欲を燃やしている。いまやコンビニエンスストアが単に商品を販売する場所というだけでなく、若者への情報の発信地として機能している点でも、日本と変わらない。

バンコクの「サイアム・パラゴン」(筆者撮影)

さらに富裕層の確保を目的にした商業施設も現れた。二〇〇五年にサイアム・スクエアの北面にオープンした「サイアム・パラゴン」と、〇六年にその隣でリニューアルした「セントラルワールド」がそれである(写真)。

いずれも五〇万平方メートルを上回る一大商業コンプレックスである。有名ブランド品店に加え、世界中の料理を堪能《たんのう》できるレストラン、シネマコンプレックスや水族館も備える。先の家計調査では、月一〇万バーツ(年世帯所得は約一二万ドル)を超える家計が〇・六%存在し、五万人に相当する。前に述べたように彼らの所得は名目ドルベースよりも使い勝手はずっとよい。

かつてはバンコクにある日本料理店といえば、駐在の日本人や外国人観光客を顧客とするものであったが、現在はタイの人たちが普通に食事をするレストランである。いまや日本食はタイ人の生活に溶け込み、タイ企業が所有する「オイシ」グループは日本食のチェーン店を展開している。BTSのキヨスクでは、ラップに包まれた握り寿司が売られている。コンビニエンスストアで見かけるお茶もタイ企業の製品である。タイ人の味覚にあわせて甘味料を多く入れる工夫がなされている。またスターバックスをはじめとするコーヒーショップも街中に多くみられ、タイにも、コーヒー文化がどっかりと根を下ろしている。

ライフスタイルの先進国化は、社会構造にも影響を及ぼしている。若者の結婚に対する価値観は大きく変化し、晩婚率や未婚率が高まっている。二〇〇五年のバンコクを含む都市部の女性の未婚率は二五〜二九歳が四〇％、三〇〜三四歳も二〇％を超えている。このような結婚観の変化は、日本と同様に少子化の原因になっている。バンコクの合計特殊出生率は〇・八と東京並みに低い。

他方、学歴社会の浸透から、子供の塾通いが急増している。日本の「公文《くもん》グループ」もタイで教室を拡大している。夜遅くまで塾に通う子供をバンコクでみかけるのはまれでなくなった。また、ライフスタイルの変化により疾病構造も大きく変化した。すでに死因のトップは、「生活習慣病」と呼ばれる心臓病、癌《がん》、糖尿病であり、先進国と変わりない。子供の糖尿病、中高年のメタボリックシンドロームさえ問題視されているのが現状で、健康のためにスポーツジムに通う人も少なくない。このように先進国化する社会の変化をあげればきりがない。

ここで示した状況は、タイだけでなく、中国、ASEAN諸国のメガ都市に共通したものと考えてよいだろう。なぜなら、バンコクが示す発展過程は、タイ特有の現象というよりも、加速する経済のグローバル化、輸送・通信技術の発展に対応した大都市に共通する変化であり、途上国の新しい発展のメカニズムと捉えることができるからである。

3 アジアの新しい発展メカニズム

雁行形態的発展と中国脅威論

バンコクと同様、アジア新興国の大都市が「過剰都市」から「メガ都市」に変化したことは、アジア地域の経済発展メカニズムの変更をもたらした。メガ都市の台頭がアジア地域の経済発展にどのような変化をもたらしたかについて、これまでアジア地域の経済発展を説明する際にしばしば用いられてきた「雁行《がんこう》形態的発展モデル」と、二〇〇〇年前後に盛んに唱えられた「中国脅威論」から考えてみよう。

「雁行形態的発展モデル」とは、経済発展が、ある地域から別地域へ、雁が矢じりのような群れをなして移動する姿のように、東アジア諸国・地域が経済的に離陸したことを表すモデルである。東アジアで最も先に所得水準を上昇させたのは日本であり、これにNIES（韓国、台湾、香港、シンガポール）が続いた。さらに、ASEAN4（タイ、マレーシア、インドネシア、フィリピン）がこれを追う。

労働集約的産業が、日本からＮＩＥＳへ、ＮＩＥＳからＡＳＥＡＮ４へと移転され、日本やＮＩＥＳはより資本集約的産業、そして技術集約的産業へと移っていく。日本がアメリカを追い、この日本をＮＩＥＳが、さらにＡＳＥＡＮ４がＮＩＥＳを追いかけるというメカニズムであり、「重層的追跡モデル」「キャッチアップ型工業化」とも呼ばれる。

図2-7　技術革新と生産・輸出国の移動

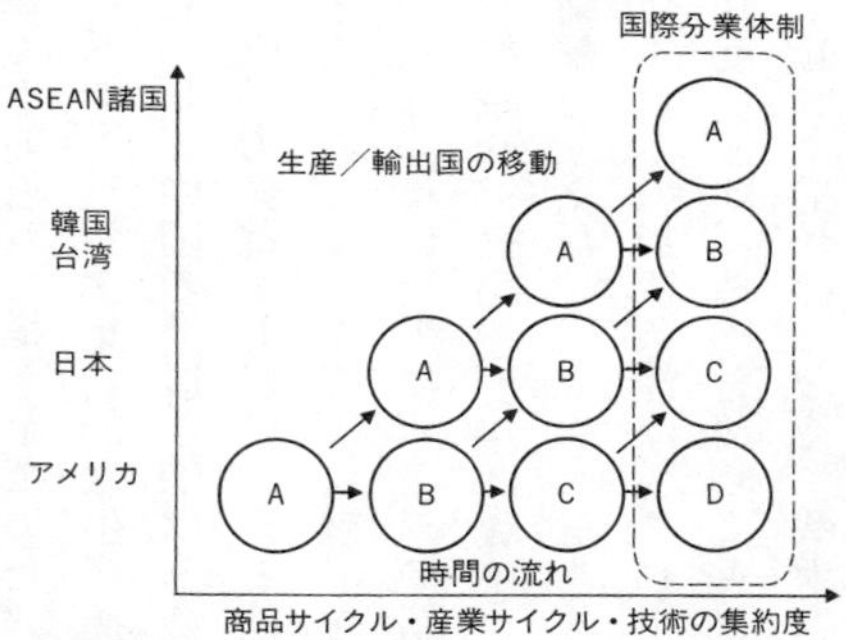

（注）技術集約度はＡ→Ｄで高い
（出所）末廣昭（2000）『キャッチアップ型工業化論――アジア経済の軌跡と展望』

このモデルはアジア諸国の追跡過程だけでなく、アジアの補完関係や分業体制を示すものとしても優れている。たとえば、日本は高度な技術による製品や機械をＡＳＥＡＮ諸国へ輸出し、ＡＳＥＡＮ諸国は労働集約的製品を日米欧に輸出するという関係があり、産業内では、タイやマレーシアで労働集約的製品を生産するための機械や設備、中間財や原料は日本やＮＩＥＳから調達するというものである（図2-7）。

アジア通貨危機直前までは、この雁行形態的発展モデルのＡＳＥＡＮ４の次に、中国とベトナムが続くものとして描かれていた。当時、実際にASEAN諸国の賃金の上昇を理由に、中国やベトナムへ労働集約的な生産拠点を移す企業が多かった。

しかし、中国の発展段階はその他の国とは明らかに違った。中国は自力で人工衛星を飛ばし、原子力発電所も建設できる技術国である。他方で、農村にある三億人の余剰労働力を活用することによって安価な製品を大量に輸出できる国であった。

一九九〇年代後半に、アジア諸国が通貨危機で厳しい調整を強いられるなか、中国が高成長を持続し、二〇〇一年にWTO（世界貿易機関）への加盟を果たしたことは、アジア諸国に衝撃を与えた。

WTOへの加盟条件は、グローバルスタンダードの遵守《じゅんしゅ》であり、中国がそれに従う姿勢をみせたことは、タイを含めてASEAN諸国には「脅威」に映った。なぜなら、日本企業やNIES企業だけでなく、欧米企業も中国への進出を加速させれば、ASEAN諸国への投資は減少を余儀なくされ、農村にある過剰労働力を活用した安価な工業製品はASEAN諸国の輸出を駆逐すると考えられたからである。これが、いわゆる「中国脅威論」となった。つまり、中国は雁行形態的発展モデルの最後尾に位置する国ではなく、最後尾から最先端までを同時にカバーする大国であったのである。

これに対処するため、ASEANが変質した。そもそも、ASEANは、一九六七年にアジアの冷戦体制のもとで結成された地域レベルの組織であったが、一九九〇年代に中国経済の台頭を契機に経済面での団結を強めることになった。

そのひとつが、一九九二年のAFTA（ASEAN自由貿易地域）構想の合意であった。ASEANは、域内を単一「市場化」し、単一の「生産基地化」することで中国に対抗しようとしたのであった。翌九三年より関税引き下げをスタートさせ、二〇一〇年一月にASEAN加盟六カ国の間で原則関税撤廃にこぎつけた。

中国脅威論に最も敏感に反応したのはタイであった。二〇〇二年六月に開催された「新しい世界経済環境でのタイの競争力強化戦略」というタイトルの国家経済社会開発庁（NESDB）主催の会議では、「タイ経済は、労働コストの低い国と、技術の高い国の間に挟まれた、いわばクルミ割り器の中のクルミである」という譬《たと》えが引用された。つまり、タイが独自の戦略を持たなければ、日本・NIESと、中国の間で粉々になってしまうというのである。そして競争力強化策の柱として、①輸出の拡大、②戦略産業の育成、③戦略産業の生産性向上をあげた。この点については第5章でもう一度取り上げる。

二一世紀型分業体制（フラグメンテーション）

ところが、実際には、ASEAN諸国の世界向け輸出は減少することはなかった。むしろ

ASEAN5の世界向け輸出は二〇〇〇年の二八一九億ドルから二〇〇八年には六五六三億ドルへ順調に増加した。なかでも競合相手とみられた中国向け輸出が一〇八億ドル（全体の三・八％）から六六九億ドル（同一〇・二％）へ急増した。

中国との間に競争力の差があるのであれば、ASEAN5の対中国貿易は赤字になるはずである。しかし実際には貿易収支はほぼ均衡しており、むしろASEAN5側の黒字になっている。「中国脅威論」は残るものの、現時点では「中国共存論（中国とのウィン・ウィンの関係）」のほうが有力な見方である。

なぜ双方の輸出入がともに伸びたのであろうか。

表2-1は、二〇〇八年における中国の対ASEAN5の貿易上位一〇品目をみたものである。興味深いのは、上位一〇品目のうち五品目が、輸出と輸入の双方でランクインしていることである。石油精製品を除く四品目はすべて電子電機製品部品であり、集積回路、コンピュータ関連製品、同部品、携帯電話を含む通信機器のASEAN5向け輸出の二〇・七％、同輸入の四三・二％を占めた。中国は電子電機製品の世界の供給地といわれるが、その部品の多くをASEAN5から調達しているのである。また中国からASEAN5向けの電子電機部品の輸出も多いことを考えると、双方で部品のやり取りがなされ、最終製品が中国で組み立てられ、世界中に供給されるという分業体制が見えてくる。その部品には、ASEAN

表2-1　中国の対ASEAN 5貿易上位10品目（2008年）

対ASEAN 5輸出			対ASEAN 5輸入		
品目名	金額（100万ドル）	シェア（%）	品目名	金額（100万ドル）	シェア（%）
集積回路	5,998	6.3	集積回路	31,820	28.5
携帯電話を含む通信機器	5,515	5.8	コンピュータ関連製品	12,315	11.0
コンピュータ関連製品	4,459	4.7	石油精製品	6,256	5.6
一般船舶	3,898	4.1	パーム油	5,206	4.7
コンピュータ関連部品	3,688	3.9	原油	4,018	3.6
石油精製品	2,367	2.5	半導体デバイス	3,044	2.7
レーザー	2,213	2.3	天然ゴム	2,901	2.6
テレビ	1,280	1.3	コンピュータ関連部品	2,523	2.3
プリンタ	1,205	1.3	石炭	2,258	2.0
トランスフォーマー	1,028	1.1	携帯電話を含む通信機器	1,559	1.4
	95,382	100.0		111,478	100.0

（出所）宮島良明（2010）「自立に向かう東アジア」より作成

5だけでなく、日本、韓国、台湾などの高技術部品も多く含まれる。つまり中国製品の実態は、メイド・イン・アジアなのである。

このASEAN5と中国の電子電機製品生産の分業体制は、通信コストの低下、輸送コストの低下の影響を受けた新しい分業体制であり、「フラグメンテーション理論」として説明される。木村福成「東アジアの国際分業の深化」（二〇〇七年）によれば、「フラグメンテーション理論」とは、ひとつの製品を生産する工程を、いくつかの生産ブロック（フラグメント）に分割し、それぞれの工程の性格に合わせて分散立地すれば、全体の生産コストを引き下げることができるという考え方である。

図に示すと、図2-8のようになる。

図2-8　フラグメンテーション

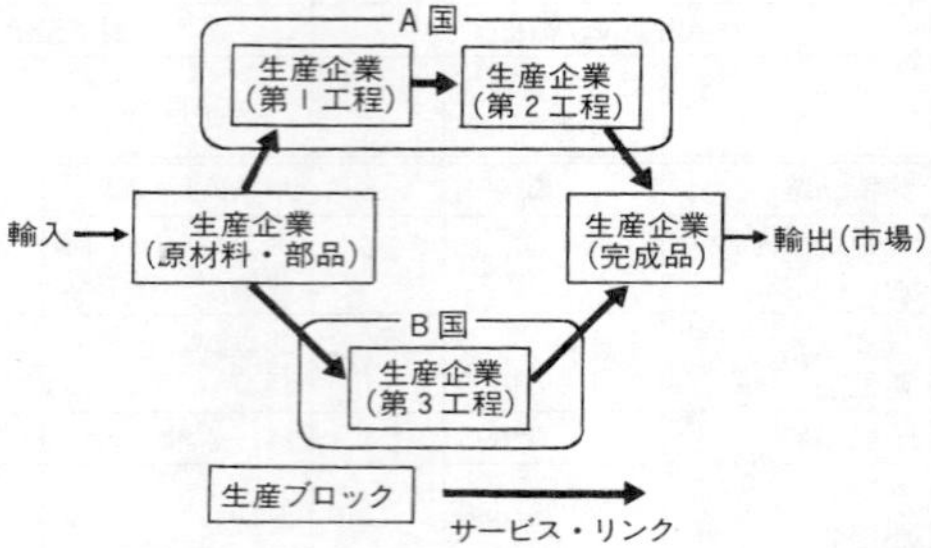

（出所）筆者作成

フラグメンテーションの特徴は、各工程を別企業が請け負っていること、立地場所が国境を越えて分散していることであり、とくに規格化が進み、部品・製品が比較的軽量で輸送コストの安い電子電機産業で多くみられる。このように生産ブロックを結びつけるサービス・リンクのコストが輸送・通信技術の発展により低下したことも「フラグメンテーション」化を促す要因になった。

そして、これらのフラグメンテーション化がアジア域内で深化した前提として、メガ都市の技術集約度が高まっていたことを軽視してはならない。

厳しさを増す都市間競争

振り返ってみると、中国脅威論はいくつかの重要な点を見逃していたように思う。

第一点は、貿易はスポーツのような、勝ち負けがはっきりする「ウィン・ルーズ」の関係ではないことである。とくに第三国市場、たとえばアメリカ市場では中国もＡＳＥＡＮ諸国も相互に競合するのではなくて、ともにシェアを伸ばすことができるし、実際に多くの輸出製品でそういう現象がみられた。

第二点は、中国の消費市場としての存在を見逃していたことである。中国の経済発展は、中国の市場拡大につながる。ＡＳＥＡＮ諸国において比較優位のある資源ベースの製品、たとえばパームオイル、天然ゴム、石油精製品などは、工業化を進める中国の必要不可欠の原材料となり、実際にこうした製品の中国への輸出が急増した。

第三点は、貿易は複雑な構造をとり、世界規模の分業体制を確立しようとしていることである。グローバル化が進展した現在、「フラグメンテーション理論」として述べたように、ひとつの製品について、原材料の確保から部品・中間財の生産、完成品の生産と輸出が一国内でなされることは、むしろまれである。その結果、中国製品のなかにたくさんのＡＳＥＡＮ諸国産の部品が含まれることになった。

第四点は、プラザ合意以降の外国企業の進出のなかで、ＡＳＥＡＮ諸国のメガ都市が着実に技術の集約度を高めてきたことである。すでにプラザ合意から二五年以上が経過している。この間に現地技術者の水準は相当に高まった。

第五点は、ＡＳＥＡＮ諸国自身の市場が経済発展にともなって拡大したこと、ＦＴＡの進展によりＡＳＥＡＮ域内の取引が増えたことである。

中国脅威論が中国共存論に変わりつつある背景には、ＡＳＥＡＮ諸国のメガ都市の技術集約度が高まるとともに、消費市場が拡大しているという現実がある。アジアでは、国レベルでの発展格差は大きいものの、メガ都市レベルの発展の格差は急速に縮小している。「メガ都市間競争・共存」と捉えるべき時代に突入している。

吉冨勝『アジア経済の真実』（二〇〇三年）は、アジアにおける分業体制は、雁行形態的発展モデルが想定していた垂直分業から、産業内垂直分業体制という新しい分業に移行していることを指摘した。近年では、分業のあり方はメガ都市の産業クラスターの性格を反映するものへ変化している。たとえば、コンピュータの生産においてタイはＨＤＤ、マレーシアは集積回路、フィリピンはメモリーの生産で高い競争力を発揮している。これらは国レベルの発展段階の違いに基づいた分業体制ではもはやない。

高技術製品といえども、アジアのメガ都市では生産が可能になってきた。

たとえば高技術製品の一つであるデジタルカメラについてみると、日本企業の生産は全体の九〇％を占めるものの、実際に日本で生産しているものは二〇％にすぎない。円高が進むなか、大手デジタルカメラメーカーは、デジタルカメラの海外生産をさらに加速させている。たとえば、オリンパスは、中国以外にベトナム・ホーチミンでも付加価値の高いデジタルカメラ本体の生産に乗り出し、ニコンも高級機種を除いて、デジタルカメラ本体の製造をバンコク周辺の工場へ移転する。

つまり、高技術製品であるデジタルカメラの生産でさえ日本人の手を離れようとしているのである。これまで日本の光学技術は、参入障壁が高く、技術流出の少ない分野とみられてきた。しかし、メガ都市の技術集約度の向上に加え、円高と労働力不足に後押しされ、さまざまな製品の生産工程がアジアに移りつつある。

日本が優位に生産できるものは何なのか、という問題を突きつけられているのだ。

ASEANのメガ都市からインド市場を狙う

このようにアジア新興国のメガ都市が、単なる輸出加工基地ではなく、産業クラスターとして技術集約度を高めていることは、アジアの消費市場の確保を目指すわが国の戦略に新しい視点を提供している。

たとえば、インド市場向けの輸出生産拠点としてのASEANのメガ都市の活用がある。というのも、ASEAN諸国のメガ都市に、日本企業は「もうひとつの日本」といえるような高度な生産拠点を有しているからである。

ASEAN諸国における日本の製造業の直接投資残高は、二〇〇九年末時点で四兆四九〇〇億円であり、中国の三兆七四〇五億円よりも多い。インドはわずか五〇七一億円である。そして実際にタイからインドへの輸出は二〇〇四年の九億ドルから一〇年には四四億ドルへ急増した。他方、輸入も伸びているが、二〇〇四年以降、一転してタイの黒字となり、二〇一〇年の黒字幅は二一億ドルと大きい。最大の輸出品目は自動車の部品であり、その黒字の源は日本企業だといわれている。

このようななかで、インドとASEANとの間でFTAが二〇一〇年一月一日から発効した。一六年以内にインドは四一四五品目（全五二二四品目）の関税を撤廃する計画である。関税率の引き下げ幅や例外品目が多く残っていることでは、他のFTAとは見劣りするものの、一般的に関税率の高いインド市場を狙《ねら》う上で、ASEANは重要な地位を獲得した。

ASEANが締結するFTAは日本企業と無関係ではない。むしろASEAN諸国に生産拠点を持つ日本企業は、これを積極的に活用できるからだ。

このインドとASEANとの間のFTAの発効を契機に、インドにあった生産拠点を引き揚げ、マレーシアにインド向け生産拠点を集中させた電子電機メーカーがある。また、タイから中型トラックを輸入し、インドのムンバイで販売する会社を設立した自動車販売会社がある。さらに、タイで生産された調味料を輸入し、インドで小分けにして販売する戦略を選択する企業も出てきた。

これらはいずれもインドに生産拠点をあらためて設立するよりも、ＡＳＥＡＮ諸国にある生産拠点を活用したほうが効率的・効果的であると判断したからだといえる。インドのケースが示すように、新興国「ボリュームゾーン」向け製品の生産に、タイを含むＡＳＥＡＮ諸国のメガ都市にある生産拠点を活用することは有力な選択肢となろう。また、アジアだけでなくアフリカを含めた新興国向け市場への参入をＡＳＥＡＮ諸国から行うという選択肢もでてくるに違いない。

第3章　浮上する新しい経済単位──メガリージョン化するアジア

1　中国経済をどう捉えるか

メガリージョンとは何か

前章では、タイ・バンコクの繁栄が近隣県を巻き込み、従来の都市という枠を超えて経済領域を拡大させていることをみた。このようにアジアでは、メガ都市を中心とした発展の領域が拡大し、それはさらに他の都市と連結することで一大経済圏を形成する傾向が強まっている。このような地理的に連続した広範囲な経済圏は、近年「メガリージョン」と呼ばれ、注目を集めるようになっている。

メガリージョンとは、トロント大学のリチャード・フロリダ教授とメリーランド大学のティム・ギルデン教授が提唱した新しい経済単位である。

リチャード・フロリダ『クリエイティブ都市論』（二〇〇九年）によれば、彼らは、衛星写真を用いて、夜間の光源の強さと広がりから世界経済を牽引する地域を割り出すことを思いついた。つまり、光源の強さは、その地域のエネルギー消費が多いこと、すなわち所得の高さを示し、その光源の広がりは経済圏の領域を示すものと見立てたのである。そして、写真から光源が集中する地域を限定し、統計からその地域の付加価値生産高を算出し、それが一〇〇〇億ドルを超える地域を「メガリージョン」と定義した。

彼らの分析によれば、世界中にメガリージョンとみなせる地域が四〇カ所存在するという。アジアでは、東京圏、大阪・名古屋圏、九州北部、広域札幌圏、ソウル・プサン、香港・深圳、上海、台北《タイペイ》、広域北京圏、デリー・ラホール、シンガポール、バンコクの一二地域をメガリージョンとした。そして、メガリージョンは、単なる都市と異なり、世界経済の牽引役であり、途上国では、イノベーションとクリエイティビティの新しい生産拠点へと変貌する可能性の高い地域であると主張した。

また、メガリージョンは、「少なくともひとつの大都市圏とその他の大都市を含んでおり、途切れることなく明かりが灯《とも》っている地域」としている。このように大都市の発展の外延が他の都市にまで達し大経済圏を形成することは、これまでも大都市圏域（メトロポリタン・エリア）として捉えられてきた。たとえば、東京、川崎、横浜はそれぞれ独自の都市であったが、時間とともに都市の間にあった農村は姿を消し、現在では一体化した経済圏を形成している。フロリダの指摘を待つまでもなく、これらは東京圏として区分されており、先にみた国連の都市人口で示された東京の人口とは、東京都ではなく、東京圏の人口を示したものである。

このような大都市圏域の視点は、途上国をみる上で重要である。前章でみたバンコクはまさにその典型であり、マレーシアの首都クアラルンプールは国連の都市人口統計では一四〇万人とされているが、都市圏域は近くの衛星都市を含めて四〇〇万人を超えるとみるべきとの指摘がある。

本章では、「メガリージョン」を、このメガ都市より広範囲な経済圏を示すものとして用いたい。右に示したフロリダの分析は、大阪と名古屋をひとまとめにし、またソウルとプサンをひとまとめにするなど、違和感を覚える人が多いに違いない。しかし、厳密には地理的に連続していなくても、そう離れていないメガ都市圏域とメガ都市圏域との経済関係が強化されることで、実質的な大経済圏となる可能性を考えることは有意義であろう。いわば、国レベルではなく、都市レベルよりもはるかに広い、新しい経済単位のようなものを、アジア経済をみる新しい単位とすることが重要なのである。たとえば、大阪圏と名古屋圏の連携が強化され、東京圏に匹敵する新しい経済圏が西日本に浮上することを考えるのは、世界経済のなかでの日本の競争力を強める上で、意義あることではないだろうか。

実際、メガリージョンという新しい経済単位は、中国経済をみる際に、ことのほか重要である。

大きすぎる国、まだ大きい省・自治区

中国は、面積では日本の約二五倍の約九六〇万平方キロメートル、人口では約一〇倍の約一三億人を有する大国である。このように広大な中国を、国レベルの平均化された指標だけで捉えることはできない。

この観点から、これまで沿海部と内陸部に区分けした研究や、省・自治区・直轄市という行政区を比較した分析が数多くなされてきた。しかし、分析対象として、沿海部と内陸部はいうまでもなく、省や自治区もまだ大きい。

次ページの図3－1は、二〇〇八年の東アジアの諸国・地域と中国の省・自治区を、人口規模の大きいものから順に並べたものである。

第一位がインドネシアの二億二八三〇万人、第二位が日本の一億二七一〇万人であるが、第三位が中国の広東省で九五四〇万人、第四位が河南《かなん》省の九四三〇万人、第五位が山東《さんとう》省の九四二〇万人となっている。第六位のフィリピン、第七位のベトナムがランキングされた後、

図3－1　中国の省と東アジア諸国の人口
(2008年)

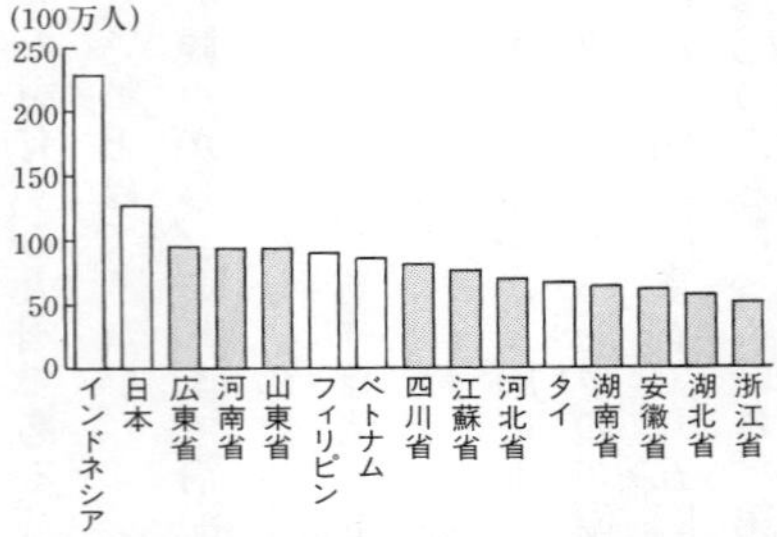

(出所) World Bank、台湾統計局、『中国統計年鑑』

再び、第八位に四川《しせん》省、第九位に江蘇省、第一〇位に河《か》北《ほく》省が続いている。実に上位一〇国・地域のうち中国の省が六つを占める。また、いずれの省の面積も韓国より大きい。

　中国の省をひとつの国と見立てるべきとの考え方もあるが、前章でみたように、人口規模では第一一位に位置するタイにおいて、バンコク周辺とその他の地域の所得格差が大きいことを考えると、中国のそれぞれの省内においても地域間所得格差が大きいと考えるのが現実的であろう。実際に、中国で最も人口の多い広東省では、二〇〇八年の一人当たりGDPが九万元の深圳から一万二〇〇〇元の汕尾《せんび》まで格差が大きい。広東省の一人当たりGDPは三万七六〇〇元であるが、これは深圳などの中心地域の繁栄を過小評価しているし、汕尾などの発展の遅れた地域を過大評価するものである。つまり、中国の省や自治区のレベルの指標も、その省内の具体的な経済発展の動向や市場の規模を考える上では、地理的にみてまだ大きい。

　人口が二〇〇〇万人弱の上海や北京、天津をメガ都市・メガリージョンと見立てることができても、広東省全域をメガリージョンとするのは妥当ではない。企業の市場戦略では、より地域を絞り込んだ観察が必要となる。

そこで、省・自治区（一級地方行政区画）の直下にある二級地方行政区画である「地級区画」を対象に、繁栄の広がりをみてみよう。

二〇〇八年時点で、地級区画は三三三存在し、二八三の地級市区、一七地区、三〇自治州、三盟から構成される。ここでは、これら地級区画に地級区画を持たない四つの直轄市（北京市、天津市、上海市、重慶市）の三三七地区（以下、地級市と総称する）を対象とした。

この区分に従い一人当たりGDPを図示したものが図3-2（次ページ）である。一人当たりGDPの高い地級市は、沿海部にも内陸部にもみられるが、沿海部では、とくに図中の丸印内の三カ所に集中していることがわかる。これらは、それぞれ渤海湾《ぼっかいわん》経済圏、長江デルタ経済圏、珠江《しゅこう》デルタ経済圏と呼ばれるものに相当し、フロリダが示した三つのメガリージョンのなかの広域北京圏、上海、香港・深圳に対応する。

地級市からの観察では、それぞれ次のような地理的特徴を持っていることが指摘できる。北京市、天津市、遼寧《りようねい》省、河北省、山東省の地級市から構成される「渤海湾経済圏」は、文字通り湾を取り巻くように所得水準が高い地級市が分布しているが、それらは現在、連結する途上にある。

図3-2　中国の地級市別1人当たりGDP（2008年）

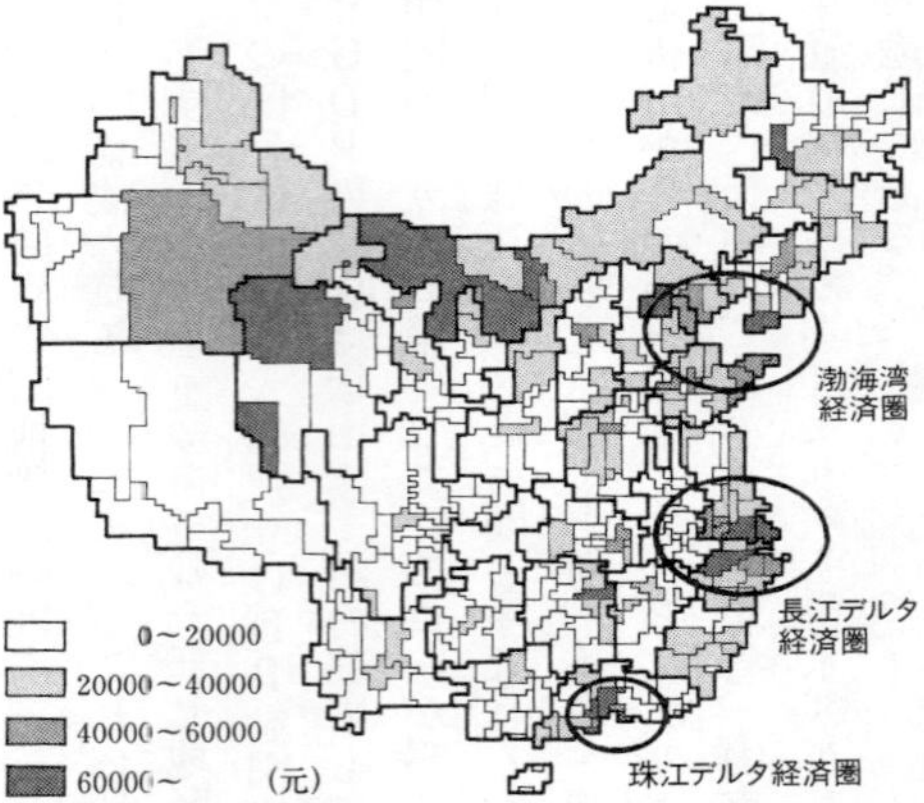

（出所）中国国家統計局『中国区域経済統計年鑑2009』より作成

上海市を中心とした「長江デルタ経済圏」は、江蘇省南部の地級市と浙江省北部の地級市に広がっている。江蘇省と浙江省全域に広がるというよりも、長江沿いに西へ向かっており、その西端にある安徽省の地級市に到達している。

香港、深圳市、広州市を中心とする「珠江デルタ経済圏」は、広東省のきわめて狭い範囲に集中している。先に示したように広東省内の地域経済格差は大きく、その外延の拡大は限定的にみえる。

そのほかにも、内陸部で所得水準の高い地域が、北部、とくにモンゴル自治区や新疆ウイグル自治区に、広範に広がっているようにみえる。しかし、これは、ひとつひとつの地級市の面積が大きいため地図上では広範囲に示されるのであって、地理的に隣接する地級市を巻き込んだメガリージョンを形成しているわけではないことに注意したい。ちなみに、これら内陸部の高所得の地域は、原油や石炭、鉄鉱石、レアアースなど資源の原産地である。

本章で注目するのは、地理的に連続して広がる沿海部の三つのメガリージョンとその拡大である。すでに述べたように、これらの繁栄領域は、メガ都市というよりも、メガリージョンとして捉えるべき性格を持っているからである。この点を経済指標から確認したい。

三つのメガリージョン

この沿海部の三つのメガリージョンは、一九七〇年代末にスタートした改革・開放政策のなかで急成長し、中国の経済発展を牽引してきた地域である。とくに、九〇年代に入って発展が可能な場所から先に豊かになることを認めた「先富論」が国の方針となったのを機に、他の地域から抜きん出て発展してきた。

三つのメガリージョンの経済規模を統計からみておこう。ここでは、それぞれの地域に含まれる二〇〇八年の一人当たりGDPが四万元（約六〇〇〇ドル）以上の地級市をメガリージョンの構成地域とした（次ページの表3-1）。

北京、天津を中心とする「渤海湾経済圏」において、一人当たりGDPが四万元を超える地級市は一三あり、人口は八五〇〇万人に達する。GDPは四兆七四〇〇億元（約七〇〇〇億ドル）で、一人当たりGDPは五万六〇〇〇元（八二〇〇ドル）である。

表3-1　1人当たりGDPが4万元以上の地級市（2008年）

経済圏	地級市名	土地面積（平方キロ）	GDP（億ドル）	1人当たりGDP（ドル）	人口（万人）
渤海湾経済圏	北京、天津、東営（山）、威海（山）、青島（山）、淄博（山）、煙台（山）、済南（山）、大連（遼）、瀋陽（遼）、盤錦（遼）、鞍山（遼）、唐山（河北）	140,760	6,946	8,184	8,488
長江デルタ経済圏	上海、蘇州（江）、無錫（江）、南京（江）、常州（江）、鎮江（江）、杭州（浙）、寧波（浙）、嘉興（浙）、紹興（浙）、舟山（浙）、馬鞍山（安）、銅陵（安）	77,253	6,799	9,014	7,543
珠江デルタ経済圏	深圳、広州、珠海、仏山、中山、東莞（以上広東省）	19,188	3,874	10,860	3,567
その他	19地級区画	32,885	3,302	7,681	4,299
小計		270,086	20,921	8,755	23,896

（注）（山）は山東省、（遼）は遼寧省、（江）は江蘇省、（浙）は浙江省、（安）は安徽省

（出所）国家統計局『中国区域経済統計年鑑2009』より作成

上海を中心とする「長江デルタ経済圏」の規模は、ほぼ渤海湾経済圏に等しい。含まれる地級市は一三で、人口は七五〇〇万人、GDPは四兆六四〇〇億元（約六八〇〇億ドル）、一人当たりGDPは、渤海湾経済圏よりも若干高い六万一六〇〇元（九〇〇〇ドル）である。

これら二つのメガリージョンは人口規模ではタイよりも大きく、GDPの規模では韓国に匹敵する。

他方、「珠江デルタ経済圏」は、一人当たりGDPが四万元を超える地級市は六地級市しかなく、人口は三六〇〇万人と、渤海湾経済圏、長江デルタ経済圏のほぼ半分でしかな

い。しかし、GDPは二兆六五〇〇億元（三九〇〇億ドル）と台湾のそれに匹敵し、一人当たりGDPは七万四〇〇〇元（一万九〇〇〇ドル）と、三つのメガリージョンのなかで最も高い。珠江デルタ経済圏は、隣接する香港を加えるべきかもしれない。そうすれば、GDPは六〇〇〇億ドルと、渤海湾経済圏や長江デルタ経済圏と比べても遜色《そんしょく》なくなり、人口は四三〇〇万人、一人当たりGDPは一万四〇〇〇ドルに上昇する。面積は二万平方キロメートルであり、四国にほぼ等しい。

この三つのメガリージョン（香港を含まない）のGDPを合計すると、約一二兆元（約一兆八〇〇〇億ドル）で中国全体の約四割を占める。人口では一億九六〇〇万人と中国全体の一五％、面積ではたった三％でしかない。これまでの中国の経済発展が、これら三つのメガリージョンにいかに集中してきたかがわかろう。

これら三つのメガリージョンは、他の東アジア諸国と同様に、輸出志向工業化により高成長を遂げてきた。三つのメガリージョンの輸出総額は二〇〇八年に一兆一三二〇億ドルと、中国全体の実に七九％を占めた。内訳をみると、渤海湾経済圏が二八一〇億ドルで台湾の水準に接近し、長江デルタ経済圏は四九四〇億ドルと韓国の水準を上回る。珠江デルタ経済圏は三五七〇億ドルと隣接する香港と肩を並べる。

当然のことながら、輸出依存度（輸出額の対名目GDP比）も高く、中国全体では三二・五

%であるが、渤海湾経済圏が四〇・五%、長江デルタ経済圏が七二・七%で、珠江デルタ経済圏はさらに九二・二%と高い。アジアで輸出依存度が高いといわれるタイ（六二%）やマレーシア（九四%）に比較してもまったく遜色ない。また、これらの地域は、外国直接投資受入の中心地域でもあり、受入額は七九六億ドルと中国全体の五五%を占める。

つまり三つのメガリージョンは、中国の平均的な経済指標をはるかに上回る水準にある経済地域であり、人口も国レベルに相当する経済単位である。

このようなメガリージョンはどのように形成されてきたのであろうか。上海を中心とする長江デルタの経済発展を例にみてみよう。

2　長江デルタ経済圏の形成

封印された国際都市

現在、上海は先進国と見まがうほどの景観を持っているが、その本格的な発展は一九九〇年以降のことであり、バンコクよりも遅い。

たしかに上海は、歴史の教科書などにしばしば出てくるように、国際都市としての古い歴史を持っている。とくにアヘン戦争を経て、一八四二年の南京条約により条約港となったことが上海の運命を変えた。外国との交流が契機になって都市が形成され拡大したことは、バンコクと同様である。それまで湿地帯の小さな漁村にすぎなかった上海にイギリスやフランスが租界地を形成した。租界地とは、外国人の居留地域のことで、居留する外国人が警察・行政権を持つ商業活動の拠点のことである。一九世紀末には、香港上海銀行の設立を皮切りに、欧米の金融機関の進出が相次ぎ、上海は中国の金融センターとしての様相を整えつつあった。その歴史的景観は、現在も外灘《バンド》の町並みに残っている（写真）。

上海・外灘の町並み（筆者撮影）

　中国という広大な国の窓口となった上海は、二〇世紀初めには世界屈指の大都市となっていた。国際感覚豊かな上海は「東洋のパリ」とも呼ばれ、その頃になると外国人だけでなく、浙江財閥とも呼ばれた中国人の金融資本が経済活動を担っていた。

　しかし、一九二五年、まさに上海で勃発した社会主義運動によって、上海は転機を迎えることになる。一九二七年に特別市となり、三〇年には直轄市となった。一九四九年に中華人民共和国が成立したことにより、外国資本は香港へと逃避した。

社会主義体制のなかで、上海の海外との交流は厳しく管理され、工業都市としての役目は引き続き担ったものの、一九五六年には、そのほとんどの企業が国有化・集団化された。『新中国六〇年統計資料匯編』（二〇一〇年）によれば、一九五五年における工業関連企業二万三七一三社のうち国有企業はわずか二九二社であったが、翌五六年には一万八七二四社のうち国有企業が一万七〇九〇社となった。生産金額をみても、一九五五年には国有企業のシェアはわずか三％にすぎなかったが、五八年にはほぼ一〇〇％となった。上海の経済活動の国有化がいかに急速に進展したかがうかがえる。

他方、当時の中国政府は、都市政策について「大都市の規模拡大を規制し、中小都市の合理的発展を促し、小城鎮（農村小都市）を積極的に発展させる」ことを基本方針としていた。上海は、北京や天津などとともに直轄市に指定され、その国営企業の収入の多くは財政収入として中央政府に吸い上げられ、他の地域に振り分けられた。地域開発では、「三線建設」など内陸部が優先されたため、上海の開発は十分行われなかった。

上海の人口は、一九五〇年の四九三万人から五九年には一〇二八万人と倍増したものの、七〇年が一〇七二万人とほとんど伸びていない。この背景には、中国政府が、一九五〇年代に「都市－農村乖離《かいり》」を制度化し、六〇年代から七〇年代を通じて、都市の工業セクターを農村と切り離し、自己完結させることに注力したことがあった。

農村からの労働力移動を認めず、このような過程で、現在の農村戸籍と非農村戸籍（都市戸籍）を区分する戸籍制度が確立された。農村からの移動が制限されただけではなく、文化大革命では都市部の青年を、逆に農村に送り込むなどの政策も実施された。

社会主義体制のなかにあったとはいうものの、上海をはじめとする中国の大都市が、十分な雇用や福祉の供給が困難な「過剰都市化」していたことをうかがわせる。一九七〇年末から実施された一人っ子政策も過剰都市回避の対策のひとつと位置づけることができる。一人っ子政策が最も強化されたのは上海であり、上海の合計特殊出生率は大きく低下し、一九九四年以降は一・〇を下回り、二〇〇八年は〇・八八と少子化と呼べる水準を大きく超えている。

国際舞台への復帰

経済活動が抑制されてきた上海が復興するきっかけとなったのが、一九七〇年代末から始まった改革・開放政策である。

改革・開放政策とは、それまでの計画経済・閉鎖経済が中国の経済発展を遅らせたことへの反省に立ち、市場経済を段階的に導入することと、海外との取引を徐々に拡大していくことに舵《かじ》を切った政策を指す。このなかで、対外開放の担い手として、上海が期待されていたことは間違いないが、その急速な変化を警戒した政府は、上海の経済活動をただちには自由化しなかった。

対外開放政策は、一九八〇年に、香港との関係が深かった広東省の深圳、珠海《しゅかい》、汕頭《せんとう》の三市と、福建省のアモイの計四カ所に「経済特区」を設置することでスタートした。具体的には、海外から資金や技術を導入する観点から、進出企業には輸出入関税の免除や所得税の軽減などを適用した。これらは、第2章でみたタイの工業団地の中国版といえる。これにより香港や台湾企業が生産拠点を移転する動きが活発化した。

この政策が成功したとの判断から、中国政府は、一九八四年に、全国沿海部一四カ所に開放都市を設けることを決め、そのひとつとして上海が含まれることになった。そのほか、江蘇省から連雲港《れんうんこう》、南通《なんつう》の二市、浙江省から温州《おんしゅう》、寧波《ニンボー》の二市が選ばれた。これらは、「経済技術開発区」と呼ばれ、前者の「経済特区」と同様に税制面では経済特区と同水準の優遇措置を付与したものの、人の行き来が厳格に管理されるという条件付き開放であった。翌八五年には、珠江デルタや福建省南部の閩南《びんなん》デルタとともに、長江デルタ経済圏の上海、江蘇省の無錫《むしやく》と常州《じようしゆう》、浙江省の嘉興《かこう》と湖州《こしゆう》を「沿海経済開放地区」に指定した。これにより、外資導入策の対象地域は点（経済特区、経済技術開発区）から面（複数の都市を含む地域全体）へと広がることになり、長江デルタ経済圏の基礎が形成された。

一九九〇年代に入ると、上海の開発計画に中国政府が直接関与するようになった。「浦東《ほとう》新区開発計画」がそれである。これは開発が遅れていた黄浦江《こうほこう》の東側を貿易・金融の中心地や近代的な居住地として発展させることを意図したもので、上海政府が計画を作成、中央政府がこれを承認した。これにより、約四〇年を経て上海は国際舞台へ復帰することになった。

中央政府が、浦東開発を通じて長江デルタ地域の発展を牽引することを強く意識し始めたことは、一九九二年に開催された第一四回共産党大会の政治報告からも明らかである。この報告書のなかで、江沢民《こうたくみん》総書記（当時）は「上海浦東の改革・開放を核に、長江沿岸都市を一層開放し、上海をできるだけ早く国際的経済、金融、貿易センターのひとつに築き上げ、長江デルタと長江流域全体を引っ張って経済の新たな発展を遂げさせる」と述べた。

ただし、中国政府に対する外国企業の警戒感は強く、対外開放政策導入以降も、中国は投資先から敬遠され続けた。一九八五年のプラザ合意以降にＡＳＥＡＮ諸国への投資が急増するなかで、中国への投資はそれほど伸びなかった。とくに一九八九年六月の天安門《てんあんもん》事件を含む政治と社会の混乱は、外国企業の中国進出を阻害した。

このようなか、当時の最高実力者鄧小平《とうしょうへい》が、一九九二年初頭に武漢、深圳、珠海、上海などの中国南部を視察し、少々のリスクを冒してでも改革・開放路線を加速させるべきだと

図3－3　上海の外国直接投資受入額（実行ベース）

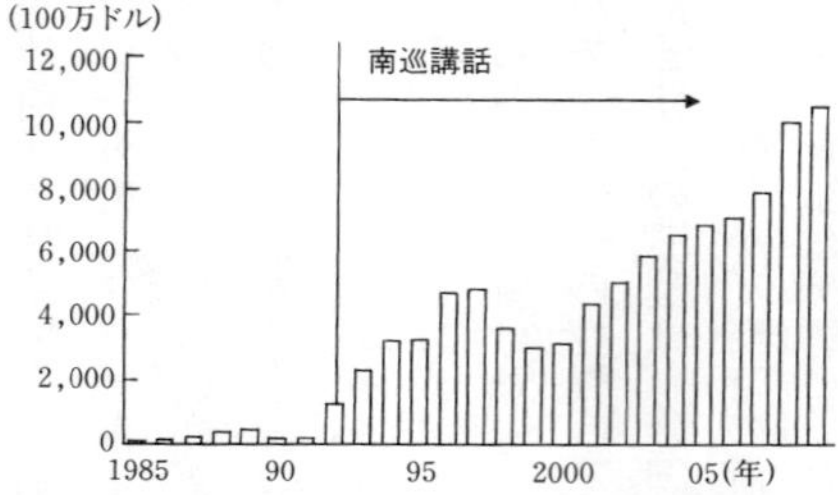

（出所）中国国家統計局『新中国六〇年統計資料匯編』、『上海統計年鑑2010』より作成

主張した。これは「南巡講話」と呼ばれるが、このことが上海の経済発展の局面を大きく変えた。外国企業は、中国の対外開放政策は後戻りしないと確信し、これ以降、とくに上海への投資を本格化させた。

外国直接投資受入額は、一九九一年の二億ドル弱から九七年には四八億ドルに増加した（図3－3）。二〇〇八年時点の上海の外国直接投資受入累計額は二九四〇億ドルと、全国（二兆三二四一億ドル）の一二・七％を占めた。上海の人口が全国の一・四％、面積が〇・一％にも満たないことを勘案すると、外国企業がいかに上海に集中的に進出しているかがわかる。

さらに、台湾政府が、一九九〇年に第三国・地域を経由した対中投資を解禁したのを機に、台湾企業が中国での事業展開を積極化させたことも上海の成長に大きく影響した。とくに、市場としての成長性や豊富なエンジニア層の存在で、上海が中国の他の地域より勝っていたことと、台湾側による対中ハイテク投資規制緩和などの条件がそろったことにより、ノート型パソコンや半導体の受託生産設備が上海から蘇州にかけての地域に数多く設立された。

3　拡大するメガリージョン

繁栄領域の拡大

繁栄は上海だけにとどまらず、隣接する江蘇省、浙江省にも波及した。江蘇省、浙江省とともに、二〇〇九年の一人当たりGDPが四万五〇〇〇元（約七〇〇〇ドル）の水準にあり、省・自治区のなかでは最も高い。人口でみても、江蘇省が七八〇〇万人、浙江省が五二〇〇万人と、それぞれ東アジアの国に匹敵する規模を持つ。ただし、繰り返し述べてきたように、省全体で一様な発展がみられたわけでない。地級市レベルで、二〇〇〇年と二〇〇八年の一人当たりGDPの変化をみると次ページの図3－4のようになる。図中では、一人当たりGDPが、二万元（約三〇〇〇ドル）未満、二万元以上四万元（約六〇〇〇ドル）未満、四万元以上六万元（約九〇〇〇ドル）未満、六万元以上の四つに色分けした。

二〇〇〇年には一人当たりGDPが二万元以上であったのは、上海のほかに、地級市では無錫（江蘇省）、蘇州《そしゅう》（江蘇省）、杭州《こうしゅう》（浙江省）の三つにすぎず、四万元を超える地級市は存在しなかった。他方、一人当たりGDPが一万元未満の地級市は江蘇省、浙江省全二四のうち一〇を占め、安徽省においては一七の地級市のすべてが一万元未満にあった。つまり二〇

図3 - 4　長江デルタ経済圏の拡大

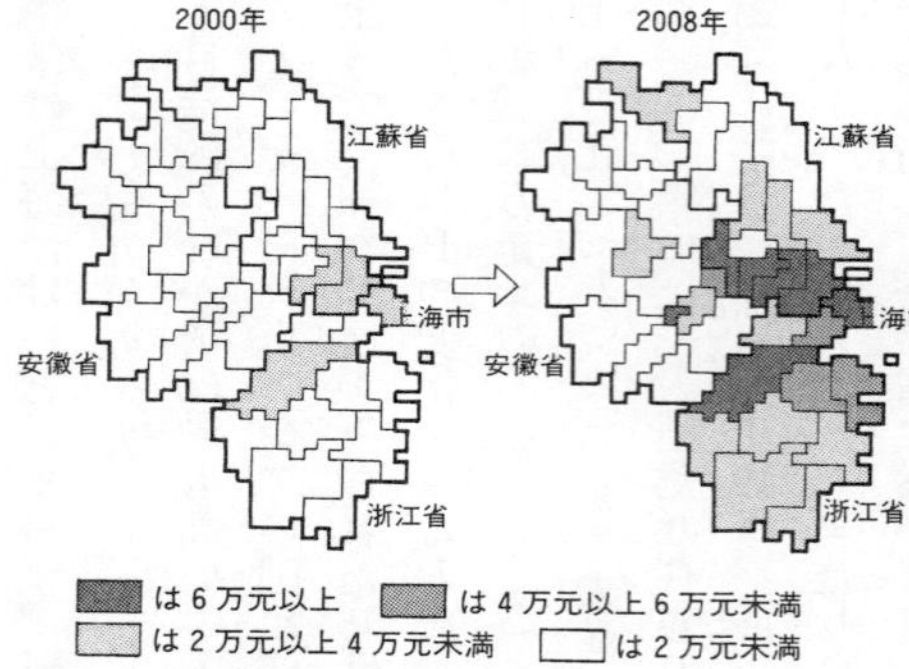

（出所）各省統計年鑑より作成

〇〇年時点では、長江デルタ経済圏と呼べる地域は限定的であり、その他の地域の所得水準も低かったのである。

　ところが、その後の経済発展のなかで、経済圏は面として広がっていった。二〇〇八年には一人当たりGDPが二万元以上となった地級市は、江蘇省、浙江省では二四のうち二〇へ増加した。さらに四万元以上の地級市が上海と江蘇省の無錫、蘇州、南京、常州、鎮江《ちんこう》、浙江省の杭州、寧波、嘉興、紹興《しょうこう》、舟《しゅう》山《ざん》、そして安徽省の馬《ま》鞍山《あんさん》、銅陵《どうりょう》の計一三に増えた。なかでも上海が七万三〇〇〇元、蘇州が七万四〇〇〇元、無錫が七万四〇〇〇元、杭州が六万元と突出して高い。

　図をよくみると、所得水準の高い地域が、上海市を中心に北部、西部、南部へと面として広がっていることがわかる。そして、経済圏の西端は、安徽省に達している。省レベルでは低所得の部類に属する安徽省でも馬鞍山、銅陵の一人当たりGDPが四万元を超えてきたのは注目されることである。

そして、これらメガリージョンは現在も領域を拡大し続けており、江蘇省では経済圏の北側にある南通、揚州《ようしゅう》、泰州《たいしゅう》に広がり、浙江省では、湖州、台州《だいしゅう》を飲み込みつつある。さらには、安徽省では馬鞍山、銅陵に隣接する蕪湖《ぶこ》、合肥《ごうひ》へと広がっていくことが予想される。

メガリージョンが拡大するなかで、その内部では工業分担がみられるようになってきた。

表3－2　長江デルタ経済圏の三つのグループ分け

コア地域	上海、蘇州（江）、無錫（江）、杭州（浙）
外核地域	南京（江）、常州（江）、鎮江（江）、寧波（浙）、嘉興（浙）、紹興（浙）、舟山（浙）、馬鞍山（安）、銅陵（安）
周辺地域	湖州（浙）、台州（浙）、合肥（安）、蕪湖（安）

（江）江蘇省、（浙）浙江省、（安）安徽省
（注）コア地域は2008年1人当たりGDP6万元以上。外核地域は4万～6万元、周辺地域は4万元間近

このことを、長江デルタ経済圏を、二〇〇八年において、①一人当たりGDPが六万元を超える上海、蘇州、無錫、杭州の四地級市の「コア（内核）地域」、②四万元以上の九地級市の「外核地域」、③四万元に近づきつつある四地級市（浙江省の湖州と台州、安徽省の合肥と蕪湖）の「周辺地域」に区分して観察してみよう（表3－2）。

この三つのグループによる工業生産の合計は、二〇〇五年の一兆四三六三億元から〇八年には二兆三六八五億元へ一・六倍に増加したが、その比率をみると「コア地域」が六三・五％から五九・五％へ低下する一方、「外核地域」が二九・二％から三一・九％へ、「周辺地域」が七・五％

から八・六％へ上昇した。

メガリージョン域内での工業部門の比重が、「コア地域」から「外核地域」へシフトしていることがわかる。

このことを工業化率でみると、「コア地域」が二〇〇五年の四八・〇％から〇八年の四七・六％と若干低下したのに対して、「外核地域」が四〇・〇％から四三・八％へ、「周辺地域」も三四・一％から三四・二％とわずかながら上昇している。いいかえれば、脱工業化とサービス産業への移行が始まった「コア地域」、工業化の最中にある「外核地域」、工業化の初期段階にある「周辺地域」とみることができる。

また、「コア地域」と「外核地域」との間では、業種別の新たな生産分担も形成されつつある。たとえば、長江デルタ経済圏の粗鋼生産が二〇〇五年の五二八二万トンから〇八年には七〇一二万トンに増加するなかで、「コア地域」のシェアが七九・二％から七五・一％へ低下し、「外核地域」が二〇・六％から二四・七％へ上昇した。

同じくカラーテレビの生産も全体が六二六万台から一二七八万台に倍増するなか「コア地域」のシェアは六七・二％から六二・六％へ低下し、「外核地域」が三二・八％から三七・四％へ上昇した。「周辺地域」には顕著な生産シェアの上昇はまだ認められないものの、繊維生産では、「コア地域」が三六・九％から三三・一％へ、「外核地域」が五八・三％から五四・三％へ低下するなか、「周辺地域」が四・八％から一二・六％へ上昇した。

工業化の進展は、輸出増加につながった。「コア地域」の輸出が三つのグループ全体の七割と圧倒的に多いとはいえ、「外核地域」の輸出も、二〇〇五年の六〇三億ドルから〇八年には一二二三億ドルに増加した。規模ではインドネシアの輸出金額を上回る水準にある。また、〇八年の「外核地域」への外国直接投資受入額は一〇四億ドルに達したが、これはインドネシアの受入額の三倍に相当する。

第2章でみた「雁行形態的発展」が長江デルタ経済圏内外で起こっていることは興味深い。

「コア地域」の高付加価値化

このように工業生産の外延地域へのシフトが進むなか、「コア地域」は自動車や電子電機製品に特化する傾向を強めている。「コア地域」の自動車の生産台数は二〇〇五年の七三万台から二〇〇八年の一〇九万台に増加し、そのシェアも七一・三％から七六・三％へ上昇した。なかでも上海の生産は「コア地域」全体の七割を占める。またコンピュータの生産台数は、五三一〇万台から一億一九〇三万台に倍増したが、「コア地域」のシェアがほぼ一〇〇％で、上海と蘇州が五〇％ずつと両者で二分している。これには上海や蘇州が自動車やコンピュータの産業クラスターになっていることを示す。

上海において産業クラスターが発展した要因について、『通商白書二〇〇〇』は、上海の人口が多く消費市場が大きいことに加えて、歴史的にも商工業が栄え、広範囲な地場企業が発達していたこと、高学歴労働者群が豊富に存在し、資金および技術蓄積があったことなどをあげている。そして、一九九〇年代後半以降、日本企業などの家電や機械産業、欧米系企業の情報通信、自動車、半導体など、幅広い分野において産業クラスター化が進んだと指摘している。さらに中国沿海部のほぼ真ん中に位置し、海運、鉄道、道路など中国大陸の交通・物流の中心地であったことも寄与したであろう。

加えてここで注目しておきたい点は、長江デルタ経済圏の「コア地域」では、他の地域に先んじて脱工業化が始まっている事実である。「コア地域」の第三次産業の付加価値額がGDPに占める割合は、二〇〇五年の四一・七%から〇八年には四三・七%へ上昇した。

もちろん、途上国における産業構造において工業部門の比率が低下することは、必ずしも産業の高付加価値化を示すものではない。とくにインフォーマルセクターの比重が高い段階では、第三次産業の比率が高くても、その生み出す付加価値は小さい。しかし、長江デルタ経済圏おけるサービス部門の就業人口一人当たり付加価値額をみると二〇〇〇年の八万一〇〇〇元から〇八年には一〇万九〇〇〇元に上昇している。二〇〇八年の数字は全国平均の二・三倍に相当する。これは高付加価値の第三次産業が発展していることを示す。

なかでも「コア地域」のそれは一二万七〇〇〇元と高く、「外核地域」の九万五〇〇〇元、「周辺地域」の五万六〇〇〇元を大きく引き離していた。長江デルタ経済圏のサービス産業の中心地は上海である。第三次産業のGDPに占める割合は五三・七％と高い。成長が目覚ましい業種は、金融業や運輸・流通業である。上海は金融面では、中国最大の株式市場を有し、その売買高は、アジアのなかでは東京に次いで第二位である。金融部門の付加価値総額は、二〇〇一年の五二九億元から〇九年には二一八四億元へと急増した。他方、就業人口でも同期間に九万人から二二万人へ増加した。二〇〇九年の金融部門の就業人口一人当たりの付加価値額は九九万元で、上海における第三次産業全体の平均値の五倍を超える。そのほかにも運輸・流通、通信、ビジネスサービスなど、上海経済圏の中枢的機能を担うサービス産業が発展してきた。

いまや上海は自動車やコンピュータなど高技術製品の生産クラスターであると同時に、高付加価値サービス産業の中心地でもある。外国直接投資受入額でみても、二〇〇五年以降、サービス業への投資が製造業を上回っている。金融、不動産、運輸・通信、流通などを中心に、〇八年の外国直接投資受入額のうちサービス業は六八億三五〇〇万ドルと、製造業の三二億三六〇〇万ドルを大幅に上回った。この点は、日本の企業進出も同様で、東洋経済新報社『海外進出企業総覧二〇〇八』を用いて製造業とサービス業に区分し、進出件数を集計す

図3－5　上海市への日本投資の割合とその推移

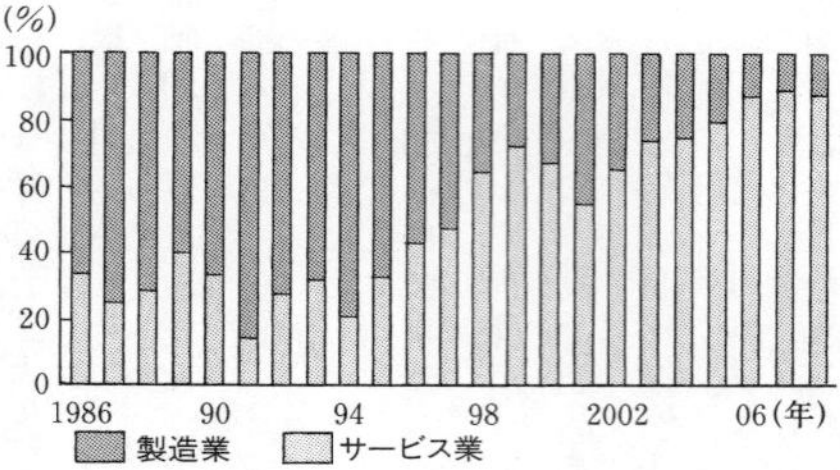

（出所）東洋経済新報社『海外進出企業総覧2008』より作成

ると、図が示すようにサービス業へのシフトは一目瞭《りょう》然《ぜん》である。二〇〇六年以降、九割近くがサービス業向けとなっているのである（図3－5）。

　このように長江デルタ経済圏は、領域を拡大させていくとともに、その内部では質的変化をともなっていたことに注意したい。上海を中心として蘇州、無錫、杭州は、製造業でもサービス業でも高付加価値的なものへとシフトし、生産性の低いものは、「外核地域」や「周辺地域」など外延地域で生産するように、押し出していったからである。

メガリージョンの購買力

　長江デルタ経済圏を市場の観点から評価しておこう。

　長江デルタ経済圏の小売業売上高合計は、二〇〇三年の六一一五億元から〇八年には一兆四六五〇億元へ、五年間で二・四倍も増加した。中国全体の一三％を占める。

　家計調査によれば、長江デルタ経済圏に属する地級市の都市部における家計一人当たりの年間可処分所得は、二〇〇三年の一万二五〇〇元から〇八年には一・八倍の二万三〇〇〇元へ増加した。世帯ベースに換算すれば、年間可処分所得は一万ドルを超える。これは全国平均に比べて約一・五倍の高さである。エンゲル係数は三六％台にあり、耐久消費財が急速に普及する段階にある。

二〇〇八年の一〇〇世帯当たりの普及台数をみると、冷蔵庫、洗濯機は一〇〇台近く、テレビは「コア地域」の場合一八〇台と家族で二台近くまで普及している。コンピュータ端末機器（いわゆるパソコン）も急速に普及しつつあり、「コア地域」が八六台、「外核地域」が七八台、「周辺地域」も七二台と、全国平均の五九台を大きく上回っている（次ページ図3-6の上段）。自動車になると、さすがに普及台数は少ないものの、一〇台を超えており、一〇〇世帯に一台の水準まで高まってきた。ちなみに保有台数は、二〇〇三年の三四八万台から〇八年には六九三万台へほぼ倍増した。人口との比率をみると一〇〇〇人当たりほぼ一〇〇台で、一九九〇年代の韓国や台湾の水準に相当する。

携帯電話の普及は全国で進んでいる。携帯電話契約件数は、全国ベースでは二〇〇三年の三億六〇〇〇万件から〇八年には七億五〇〇〇万件に増えた。そのなかで長江デルタ経済圏では、三五〇〇万件から七三〇〇万件とシェアは変わらないものの、人口との割合では六〇％から九六％に上昇した。個人で二台持っている場合や企業が所有する場合などを考えても、

図3-6　長江デルタ経済圏の耐久消費財普及台数
（2008年）

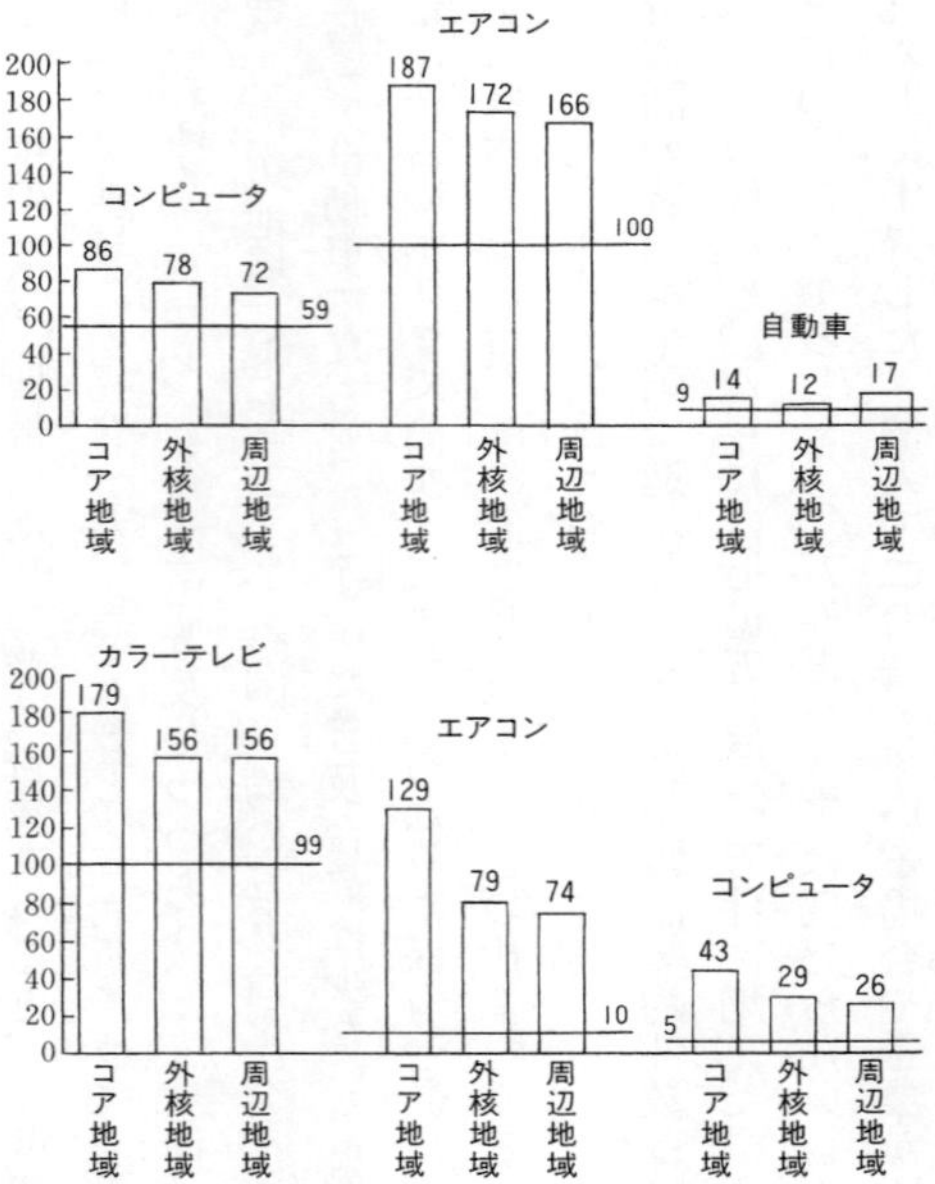

（注）実線は全国平均
（出所）中国国家統計局『中国区域経済統計年鑑2009』より作成

その普及がほぼ全域に達していると考えてよいだろう。

メガリージョンの特徴は、農村の購買力が全国平均に比べて相当に高い点にある。農村の一人当たり純所得（都市の可処分所得に相当）は二〇〇三年の五八一〇元から〇八年の一万六〇〇〇元へ上昇した。世帯ベースで五〇〇〇ドルであり、「下位中間所得層」の下限に位置する。長江デルタ経済圏の農村の純所得は全国平均の二・二倍に相当し、「コア地域」の農村部の一人当たり純所得は一万一三〇〇元と、内陸部の都市部住民の水準に匹敵する。

農村部では食費が安くつくため、エンゲル係数は四〇％をすでに下回っている。その分、耐久消費財が普及し、保有台数は全国平均を大きく上回っている。図3-6の下段に示したように、一〇〇世帯当たりのカラーテレビの普及台数は一五〇台を超え、エアコンは全国平均の一〇台に対して「コア地域」では一二九台と都市平均をも上回っている。上海や蘇州の農村部では、カラーテレビがそれぞれ一八六台、一九三台と世帯数の倍の水準であり、洗濯機は九三台、一〇一台、冷蔵庫は一〇一台、一〇四台とほぼ全世帯で普及している。パソコンも全国平均の五台に対し、「コア地域」は四三台、「外核地域」も二九台となっている。

アジアの消費市場が注目を集めるなかで、メガリージョンの市場の成長は、他の地域とは区別して考える必要がある。繰り返しになるが、中国における三つのメガリージョンの総面積は一七万平方キロメートルで、国土の三％を占めるにすぎない。にもかかわらず近年の急成長のもとで、「富裕層」、「中間所得層」、「低所得層」のすべてにおいて市場拡大が続いている事実に注意したい。その外延が今後どのように伸びていくのか。その点がこれからは重要な視点となる。

4 グローバル・シティへの道

グローバル・シティとは

それではメガリージョンの未来をどう考えればよいのであろうか。

第2章では、アジアにおいてメガ都市の技術集約度が高まっていると述べた。そして、本章では、その外延が周辺地域を飲み込み、メガリージョン化していることを示した。そして、輸送・通信技術の発展とコストの低下を背景に、FTA時代における人、モノ、マネーの流れの規制緩和は、メガリージョンの拡大を後押ししている。ある国の競争力は、国家や首都の競争力というよりも、メガリージョンの競争力に左右されるとみたほうが現実的かもしれない。

そして、この点においては日本も決して例外ではない。たとえば、細川昌彦『メガリージョンの攻防』(二〇〇八年)は、日本は地域単位での競争力を強化させるべきだと主張している。グローバル化が進展する環境下では、競争単位としては国よりも地域で捉えるべきだとし、各地域は、その特徴を世界に発信し、ブランド力を高める必要に迫られているというのである。そして、競争力強化のキーワードとして、企業の誘致、人材の誘引、顧客の吸引の三つをあげている。また、議論が活発化してきた「道州制」も、ある意味、メガリージョンの延長線上に捉えることができる。

メガリージョンの発展を展望するなかで、まず鍵となるのは、中心となるメガ都市の競争力であろう。長江デルタ経済圏でいえば、上海の競争力である。各国のメガ都市は、共存関係にある一方、激しい競争関係にもあることはいうまでもない。すなわち、メガリージョンの競争力を展望するためには、メガ都市の競争力を評価する必要がある。そこで有用な示唆を与えてくれるのが、コロンビア大学のサスキア・サッセン教授が示す「グローバル・シティ」という概念である。

サスキア・サッセン『グローバル・シティ』(二〇〇八年)は、グローバル化のなかで経済活動の場所が世界中に分散する一方で、その機能が地理的に統合されていくという「二重性」を指摘した。グローバル化のなかでの分業体制の拡大が、メガリージョンの形成に寄与したことはすでにみてきたとおりであるが、その一方で統合の力学が働くというのである。その場所は、グローバル化の担い手である多国籍企業と多国籍銀行の中枢機能(指令機能)が集中する場所であり、それを「グローバル・シティ」と名づけた。同書では、ニューヨーク、ロンドン、東京、フランクフルト、パリなどを「グルーバル・シティ」としている。

「グローバル・シティ」は、以下の四つの機能を持たなければならないとしている。第一に、多国籍企業など世界の事業に対する司令塔的役割、第二に、金融を含めた専門的サービスの提供、第三に、イノベーションの促進機能、第四に、それらの財・サービスを消費する市場である。

上海はグローバル・シティになれるか

実現への道のりは長いものの、中国政府が、上海をグローバル・シティに引き上げようとしているのは明らかである。そのための計画を次々に発表し、具体化している。

二〇〇九年以降、中央政府は上海を長江デルタ経済圏の中心地だけでなく、世界の金融・貿易センターとする構想を明確にしてきた。同年三月、国務院常務会議は「上海国際金融・水上運輸センター建設推進等に関する意見」を採択した。これによれば、二〇二〇年までに、上海市を国際金融・水上運輸センターへと発展させるため、金融面での対外開放の推進や長江デルタ地域の港湾の連携強化など、五つの重点項目に取り組むと表明している。

次いで二〇〇九年四月には、国家発展改革委員会が、二〇二〇年までに上海市を国際金融センターとするための課題として、①市場メカニズムの構築、②国際的競争力を有した金融システムの整備、③多岐にわたる分野の専門家の養成、④経済発展の需要に適合する法制度の整備をあげた。

たしかに上海の金融面での規制の強さへの批判は根強い。加えて、法制度の整備も不十分である。さらに人材の確保も困難で、金融業に従事する人口は急増しているものの一〇〇万人も不足しているという指摘がある。その点でいえば、香港を中心とする珠江デルタ経済圏のほうが機能的には整備されているといえるかもしれない。それでも中国政府の力の入れ方は尋常ではない。

また、グローバル・シティにふさわしいインフラ整備も急ピッチで進められている。二〇一〇年時点で上海の地下鉄は一一路線あり、総延長距離は四二〇キロで、ロンドンの四〇八キロ、ニューヨークの三七〇キロ、東京の三〇四キロを抑え世界一となった。一九九九年には空の玄関を、市街地に位置する虹橋国際空港から郊外の上海浦東国際空港に移し、市内とはリニアモーターカーで結んでいる。また郊外との連結にも意欲的であり、上海を中心に二〇〇キロ圏内を一時間で結ぶというインフラ整備が進んでいる。

上海がグローバル・シティに昇格すれば、技術や資金だけでなく、国際的な人材の確保が可能になる。グローバル時代の競争に勝ち残るために、各国は有能な人材をどう獲得するかに迫られている。また自国の頭脳流出をどう抑えるかも競争力維持の点で重要である。

たとえばASEAN加盟国中、最大のメガ都市、もしくはメガ都市国家といってもよいシンガポールでは、二〇〇〇年以降、バイオ・メディカル産業の育成を国家戦略と定め、二〇〇〇億円を投じてバイオ・ポリスを構築した。同時に人材開発省のなかに「国際人材部

(International Talent Division)」を設置し、世界中から研究者をヘッドハンティングする政策をとっている。メガ都市・メガリージョンの競争時代は、クリエイティブな人材を世界中からいかに確保するかが重要な鍵となる。

上海のグローバル・シティへの挑戦は、東京の競争力にも関わる重大な問題である。現在は、アジアのなかで東京が唯一《ゆいいつ》「グローバル・シティ」の地位にあるが、外国企業のアジアにおける地域拠点（司令塔）が、たとえば上海にシフトすれば、その地位は大きく揺らぐ。それは東京だけの問題ではなく、東京圏全体の持続的発展に関わる問題でもあり、ひいては日本経済に影響を及ぼしかねない問題でもある。

グローバル・シティの富裕層

アジアの都市が、メガ都市化し、さらにグローバル・シティへの昇格をうかがうなかで、消費行動はますます先進国化している。ここで、もう一度上海の家計調査からそのことを確認しておこう。上海の都市部の一人当たり年間可処分所得は、購買力平価レートを用いれば二万ドルを超える水準にある。二〇〇〇年を一〇〇として家計支出の変化を項目別にみると、〇九年には総支出が二三七と倍増したのに対して、通信費は二七九、外食費は三二三、自動車の購入費を含む交通費は七八九に急上昇するなど、支出項目に大きな変化がみられる。そして、このような傾向は「富裕層」でとくに顕著であることに注意したい。所得水準の最も高い上位二〇％の年間一人当たり可処分所得は、五万七八〇〇元（約九〇〇〇ドル）であり、世帯平均構成人数が二・七人であるから、世帯当たり可処分所得では一六万元で二万ドルを大幅に超え、購買力平価を考えれば、「富裕層」である。

図3‐7　上海市都市部の所得階層別支出項目別シェア

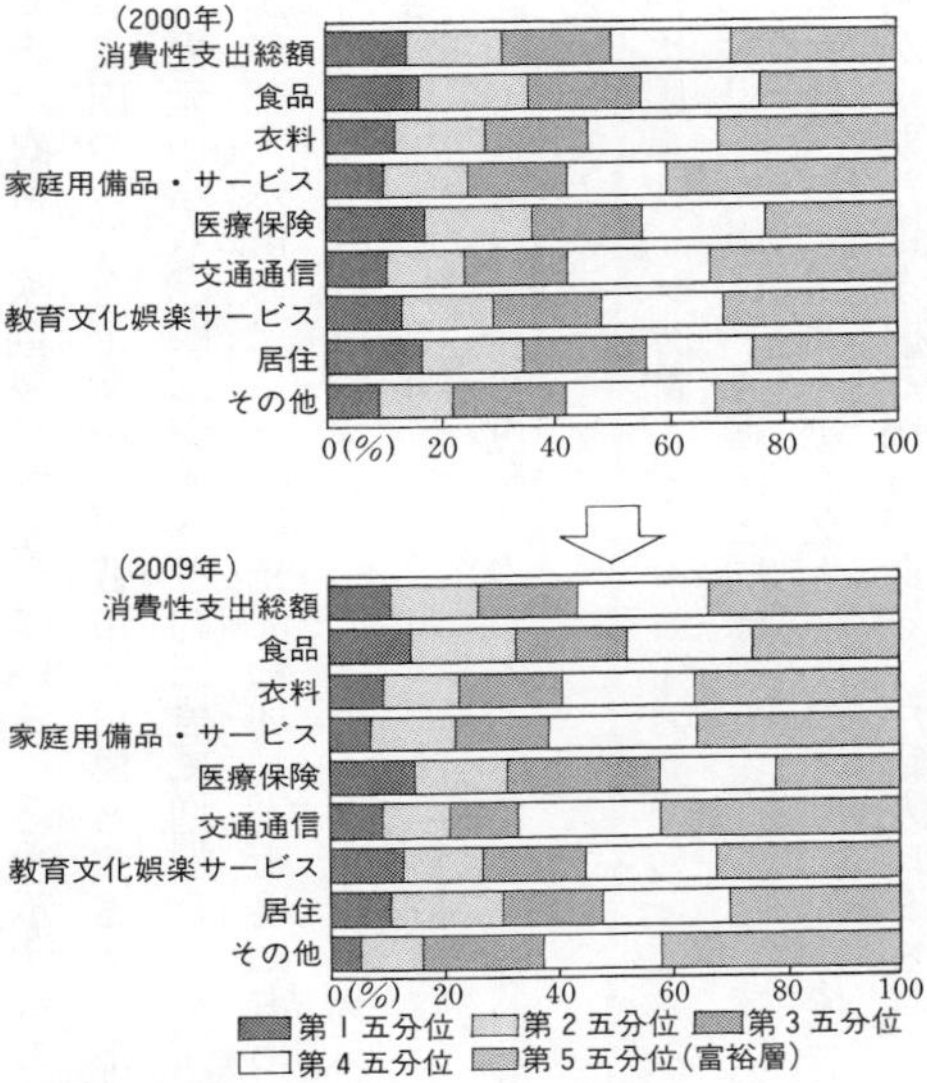

（出所）『上海統計年鑑』（2001年、2010年）より作成

所得階層別に支出項目別の割合をみると、交通・通信費においてこの「富裕層」が占める割合は二〇〇〇年の三三％から〇九年には四三％へ上昇しており、近年の自動車・携帯電話の市場の拡大は、この「富裕層」の購買力に大きく依存している（図3‐7）。同様に、衣料費や家庭用備品・サービス費に占める割合も、「富裕層」が三六％と高い。これは上海では相対的に

価格の高い衣料や家電製品が売れていることを示すものである。

家計支出の合算を上海市の消費市場規模とすると、市場全体は二〇〇〇年から〇九年に二六八六億元から八〇四三億元へと約三倍に増加したが、そのうち「富裕層」の市場は七四三億元から三・六倍の二六一四億元に増加し、市場に占める割合は二八％から三三％へ上昇した。他方、第2五分位、第3五分位、第4五分位を合算した所得階層の市場は一五五七億元から四四八九億元へ増加したが、人口では「富裕層」である第5五分位の三倍である「中所得層」の増加分は、「富裕層」の一・六倍にすぎない。つまり上海市場の牽引役は「富裕層」といってよい。

上海に限らず、メガ都市が「グローバル・シティ」へ成長を遂げるなかで、「富裕層」の職種と所得、支出は、先進国と同様のものへ変化している事実に注意する必要がある。というのも新興国の「ボリュームゾーン」の確保に加えて、この「富裕層」向けのブランド力強化戦略が重要な鍵を握るからである。戸籍人口から試算すれば、上海の「富裕層」の人口はいまや二〇〇万人を超えている。

しかし、アジアの市場全体を展望するには、メガ都市・メガリージョンだけでは不十分である。メガリージョンの繁栄は他の地方・農村に広がっていくのだろうか。これが次章の課題である。

第4章　成長力は農村まで届くか
——人口移動による地域間成長力格差の拡大

1　所得格差はどこに向かっているのか

フラット化か？　スパイキー化か？

アジアは、世界の成長センターとして期待される地域である一方、さまざまな格差に悩む地域でもある。いまや所得格差、教育格差などは、日本を含めてアジアに共通する政治、経済、社会問題となっている。

本章は、このうち地域間所得格差に注目する。

地域間所得格差は、古くからある問題であるが、二一世紀に入って、経済のグローバル化、情報技術（IT）・輸送の技術発展と、そのコスト低下の影響を受け、新しい展開をみせている。

たとえば、トーマス・フリードマン『フラット化する世界』（二〇〇六年）は、情報技術の発展により、地理的距離が地域の経済発展を左右するという障壁は低くなったと指摘した。アジアのメガ都市・メガリージョンの急速な発展に、これら情報技術が寄与したことは明らかである。いまや東京、シンガポール、上海、バンコクにおいて、情報格差を見つけることは難しい。そして現在も、メガリージョンはその領域を拡大し、中国においては内陸部にもメガ都市が形成されるようになってきた。二一世紀に入って、この情報技術の発展に加え、経済のグローバル化、輸送コストの低下が、地域間格差を是正する新しい力になっていることは疑いない。

他方、メガリージョンを提唱したリチャード・フロリダ『クリエイティブ都市論』は、二一世紀は、世界がフラット化する時代ではなく、むしろある地域だけの経済発展が「スパイキー（尖《とが》った）化」して進むことを主張した。つまり、経済のグローバル化は、メガリージョンなどの先進地域の成長を促進するだけで、それ以外の地域との格差は拡大に向かっていると指摘したのである。そして、「だれもが成功のチャンスを公平に有するという発想を持ち続ける限り、グローバリゼーションの抱える問題に対峙《たいじ》するのは不可能だ」と、経済のグローバル化が地域間格差是正に寄与するという楽観論を批判した。

アジアのメガリージョンは、いまやひとつの国として捉えてよいほどの規模を持つ経済単位に成長しているが、全体からみれば、面積でも、人口でも、その割合はまだ小さい。バンコクを中心とする経済圏の人口は一二〇〇万人を超えるが、タイの全人口の二割に満たない。中国の三つのメガリージョンの人口は約二億人に達するが、やはり全体の二割に達しない。現時点では、アジアにおける繁栄の領域は、フロリダがいうスパイキーで限定的なものにとどまっている。

その一方で、メガリージョン以外にも成長が著しい都市や地域が出てきた。たとえば、中国では重慶や武漢（湖北省）などでメガ都市が形成・拡大の過程にある。また地方・農村でも貧困率が急速に低下してきている。

私たちは、メガ都市やメガリージョンの繁栄が国全体に広がる過渡期にいるのであろうか。それとも分断がますます深まる入り口にいるのだろうか。

本章では、メガ都市・メガリージョンの外側にある地域、すなわち地方・農村に視点を移し、その成長要因がどのように変化したかに注目する。また、メガ都市・メガリージョンと地方・農村の発展がどのような関係にあるかにも目を向ける。地方・農村の成長を考えることは、アジア新興国の持続的発展の課題を考えることであり、アジア全域が一大市場となるための課題は何かを考えることである。

貧困からの脱却

アジアへの私たちの視点は、とかく成長地域に向けられがちであるが、アジアは、つい最近まで世界で最も多くの貧困人口を抱える地域であった。

たとえば、「絶対的貧困」の状況にある人の多くはアジアに住んでいた。絶対的貧困とは、食糧、衣服、住居など、人間が生きてゆく上で必要な基本的な要素（ベーシック・ヒューマン・ニーズ）を欠いた状況のことをいう。絶対的貧困に明確な定義はないが、一人当たりの一日の消費支出が、購買力平価レートで一～二ドル未満のものと定義されることが多い。

世界銀行『世界開発指標二〇一〇（*World Development Indicators, 2010*）』によれば、一九八一年時点において一日の消費支出が一・二五ドルに満たない貧困人口は世界全体では一九億人であった。そのうちアジア・太平洋地域が一一億人と六割近くを占め、なかでも中国が八億人と圧倒的に多かった。

しかしアジア・太平洋地域では、それ以降の経済発展を背景に、二〇〇五年には三億人へ大幅に減少し、世界に占める割合も二割強まで低下した。なかでも中国の減少は著しく、一九八一年に比較して、六億人減の二億人となった。世界全体では、なお一四億人の人々が絶対的貧困の状況にあり、そのうちアジア・太平洋地域以外の貧困人口が一九八一年の八億人から二〇〇五年に一〇億人に増加したことを考えると、アジアは貧困から急速に脱却しつつある地域といってよい。

表４－１は、アジア諸国における一日の消費支出が二ドル未満である貧困者の人口比率（貧困率）の推移をみたものである。いずれの国においても、一九九〇年代から二〇〇〇年代にかけて、貧困率は大幅に低下したことが示されている。

マレーシアは一九九〇年代の一一・〇％から二〇〇〇年代には七・八％に、タイも一七・五％から一一・五％に低下した。両国は、貧困撲滅《ぼくめつ》までもう一息のところまで来ている。

その他の国ではまだ貧困率は高いものの、低下のスピードは速い。中国では同期間に七五・五％から三五・七％に、ベトナムでは八五・七％から四八・四％と急速に低下した。他方、インドではそのスピードは緩慢で、貧困率の水準もまだ高い。

このような貧困率の急速な低下は、経済発展の成果が地方・

表4－1　貧困率の推移　（%）

国・地域	1990年代	2000年代
中国	75.5（1995）	35.7（2005）
マレーシア	11.0（1995）	7.8（2004）
タイ	17.5（1996）	11.5（2004）
フィリピン	52.6（1994）	45.0（2006）
インドネシア	77.2（1996）	54.6（2005）
ベトナム	85.7（1993）	48.4（2006）
インド	81.7（1993）	75.6（2005）

（注）（　）は調査年
（出所）ADB, *Key Indicators*, 2010

図4－1　中国における１人当たりGDP２万元未満の地級市の変化

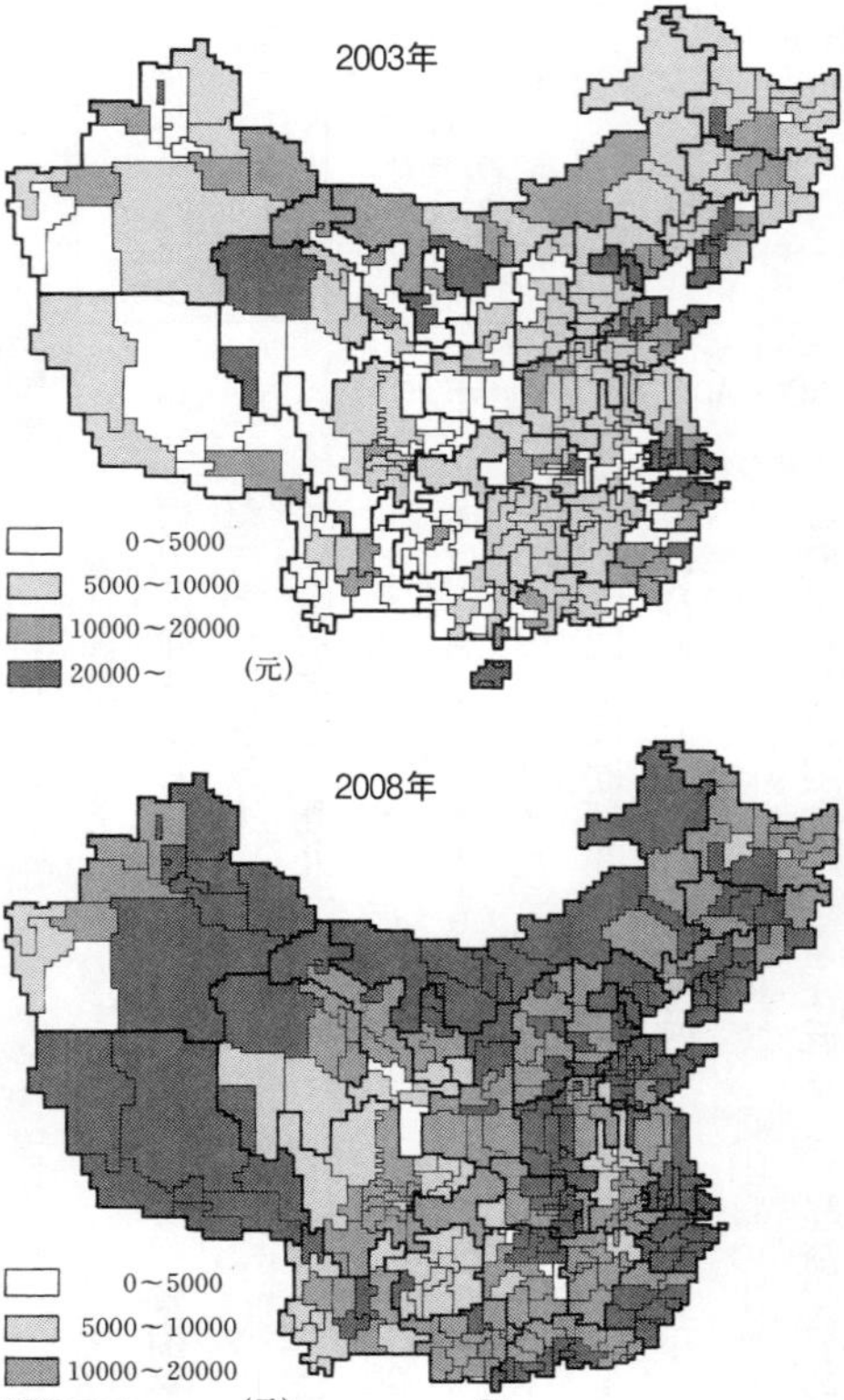

（出所）中国国家統計局『中国区域経済統計年鑑』（2004年、2009年）より作成

農村にも及んでいることを示すものである。たとえば、成長著しいメガ都市やメガリージョンの消費拡大は、地方・農村の農産物や商品の生産拡大に寄与したであろう。地方・農村からメガ都市やメガリージョンへの出稼ぎ労働者の送金は、その家計所得の増加に寄与したに違いない。さらに、各国政府や国際機関が、地方・農村の教育・医療サービスの拡充、電力

や道路、水道などのインフラ整備に努力してきたことも評価できる。とくに中国では、一九九九年から「西部大開発」、二〇〇三年から「東北振興」、〇四年からは「中部崛起《くっき》」と呼ばれる大規模プロジェクトによる地方・農村開発が貧困削減に大きく貢献した。

このような貧困状況からの脱却は、地理的にも確認できる。

図4-1は、中国における一人当たりGDPが二万元未満の地級市の変化をみたものである。①五〇〇〇元未満、②五〇〇〇元以上一万元未満、③一万元以上二万元未満、④二万元以上に区分し、その水準が高いほど濃く色分けした。

二〇〇八年の地図が、〇三年に比べて、色の濃い部分が大幅に増えていることは一目瞭然である。一人当たりGDPが五〇〇〇元未満の地級市の数は、二〇〇三年の七六から〇八年には一〇に、人口では二億九〇〇〇万人から一〇〇〇万人へ減少した。また同様に、五〇〇〇元以上一万元未満の地級市の数も一四〇から四七へ、人口は五億一〇〇〇万人から一億九〇〇〇万人へ減少した。

このように低所得地域でも所得が向上してきたことが、近年の中国の地方・農村の消費市場拡大の背景にある。

依然大きい地域間格差

アジアでは貧困率が低下し、かつ低所得地域に成長の兆しがみられるようになってきたが、所得格差は依然大きく、近年では政治社会問題に発展している。

アジアの格差の現状を、「ジニ係数」を用いて概観しておきたい。

ジニ係数は所得格差の程度を示すのに最も頻繁に使われる指標で、図4－2のようなグラフから求められる。横軸に累積人口比率、縦軸に累積所得比率を取り、右から所得の低いものの順に並べる。所得格差がある場合、低所得側の累積人口が増えても、累積所得の増加分が少ないため、対角線の下に凸の曲線（ローレンツ曲線）を描くことになる。この対角線と曲線で囲まれた面積の大きさを格差の度合いとし、三角形ＡＢＯとの比率がジニ係数となる。係数は〇から一の値を取り、〇に近いほど所得分配は平等度が大きく、一に近いほど不平等度が大きいことを示す。一般的にはジニ係数が〇・四を超えると不平等性の高い社会といわれる。

図4 - 2　中国の所得分布

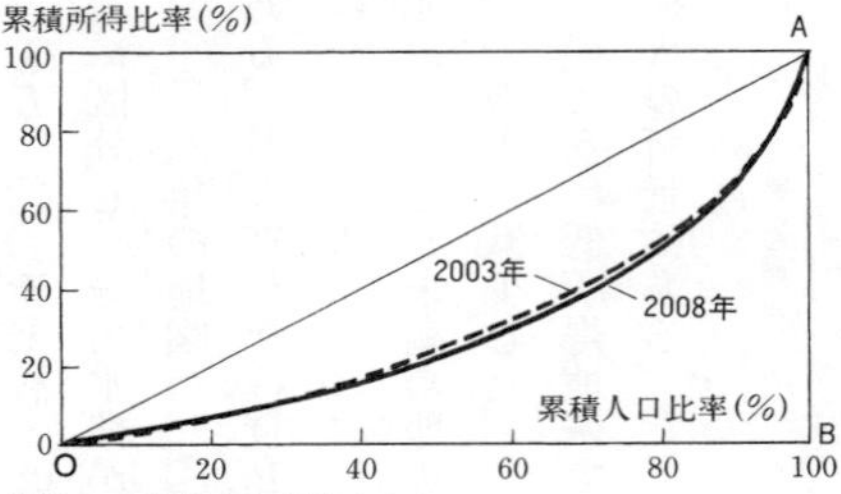

（注）337地級市を対象とした
（出所）中国国家統計局『中国区域経済統計年鑑』（2004年、2009年）より作成

アジア新興国のジニ係数は、およそ〇・三から〇・四の間にある。一九九〇年代と二〇〇〇年代のジニ係数を比較すると、国によってトレンドが異なる。中国、インド、インドネシアではジニ係数が上昇する傾向にあるが、タイやマレーシア、フィリピンでは低下の傾向がみられる。ただし、ジニ係数が低下した国々においても、〇・四を超えており、所得格差がアジアで共通の社会問題であることに変わりはない。

この所得格差を地理的に整理すれば、上海やバンコクなどのメガ都市内の格差（地域内所得格差）と、メガ都市・メガリージョンと地方・農村のような地域間所得格差に区別できる。本章で考察するのは、後者の地域間格差である。

地域間所得格差がどのような状況にあるかを測るのは難しい。地域別家計所得データに基づいたジニ係数の測定が必要となるが、そのような家計データはほとんど公開されていないからである。また、地域区分をどのようなものにするかという問題もある。

そこで、便宜上、地域別一人当たりGDPで家計所得を代替し、地理的な区分を県などの行政単位として、地域間所得格差のジニ係数とすることが多い。

たとえば、内閣府『世界経済の潮流二〇一〇』は、省・県・州などの地域別一人当たりGDPを用いて、日本、韓国、マレーシア、タイ、フィリピン、中国、インドを対象に二〇〇〇年代前半と二〇〇〇年代後半のジニ係数を測定している。

これによれば、中国、ASEAN諸国、インドのジニ係数は〇・四を超え、また二〇〇〇年代前半と後半を比較すると、中国を除いていずれの国のジニ係数も上昇傾向にある。つまりアジアにおいて地域間所得格差が拡大する傾向にあることが指摘された。内閣府は、中国のジニ係数について省をベースに計算しているが、筆者が地級市を単位にジニ係数を再計算したところ、二〇〇三年の〇・四〇から〇八年には〇・四二に若干上昇したことが判明した（図4－2）。つまり、近年はアジア全域で地域間格差が拡大しているといってよい。

格差はどこへ向かうのか

現時点ではアジアにおいて地域間所得格差は拡大する傾向にあるが、今後は成長とともに縮小に向かうという明るい見方がある。

その代表的なものが「クズネッツの逆U字仮説」と呼ばれるもので、国が低所得にある段階では、成長にともない、しばらくの間、不平等化が進むものの、やがてある所得水準に達すると、それ以降は不平等の度合いが小さくなるという仮説である。横軸に所得水準、縦軸にジニ係数をとれば、図4－3に示したようにジニ係数は、上に凸の形をしたトレンドを描く。このことから「逆U字」と呼ばれる。

もちろん実際の格差は、所得水準の変化以外にも、税制や社会保障などを通じた所得移転、労働市場や土地制度の特徴、企業規模の分布の状況、政治体制のあり方などの影響も受けるものであるが、それでも逆U字仮説は地域間所得格差の変化を考えるには説得的な枠組みである。

たとえば、途上国を農業中心の農村（伝統部門）と工業中心の都市（近代部門）の二部門から構成されると仮定し、経済発展により前者から後者へ社会構造が変わると考えよう。そして、農業部門・農村部門と工業部門・都市部門の所得の比を一対二とし、その比率の変化にともなうジニ係数を算出すると、工業部門・都市部門の比率の変化とともにジニ係数は、きれいな逆U字曲線を描く。図4－3は、この条件に基づいてジニ係数を算出し、図示したものである。

図4-3　クズネッツの逆U字仮説

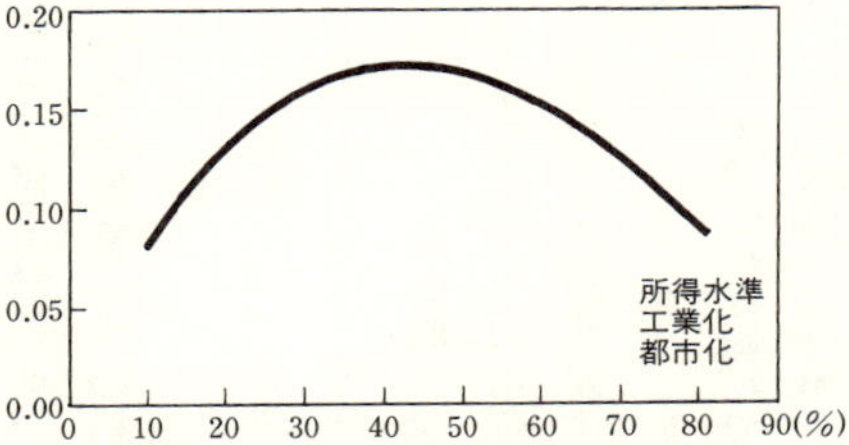

（注）農業・農村（伝統部門）と工業・都市（近代部門）の所得の差を1：2として計算。横軸の目盛りは工業・都市の人口比率
（出所）筆者作成

格差拡大と縮小の過程を、もう少し具体的にみてみよう。

経済発展の初期段階は、農業・農村中心の社会であり、この段階では所得格差は小さい。たとえば、ハリー・T・オーシマ『モンスーンアジアの経済発展』（一九八九年）は、経済発展前のアジアでは、耕作地が基本的に不足し、加えて人口密度が高く、欧米のような農家規模の格差が生じる余地がなかったため、所得格差は小さかったのだと述べている。

経済発展とは、工業化の進展であり、それは都市部の拡大をともなった成長過程である。工業部門・都市部の賃金は農業部門・農村部の収入よりも高く、ここに地域間所得格差が生まれる。より高い収入を求めて人々は農業から工業へ、農村から都市へ移動し、このことによって工業部門・都市部は拡大する。そして、工業部門・都市部門がマイノリティのうちは、地域間所得格差が拡大する。しかし、図4－3が示すように、ある段階を過ぎると格差拡大のスピードは弱まり、工業部門・都市部門がマジョリティになれば（農業部門・農村部門がマイノリティになる過程で）、地域間格差は縮小に向かう。

さらに、農村から都市への人口移動により、農村が余剰労働力から解放されるため、一人当たり所得が高まることも格差是正に寄与する。また都市の旺盛な消費、工業の原材料供給を賄うための農産物の生産拡大、開発された技術の農村への波及も、農村の所得を引き上げ、格差を是正する力となる。さらに経済発展の過程で、全国民を対象とした社会保障制度が整備されること、開発の遅れた地域に投資が割り振られることも格差を縮小させる要因となる。

アジア新興国が農村社会から都市社会への過渡期にあり、産業構造の中心が農業部門から工業部門へ移行する転換期にあることを考えると、現時点は、地域間所得格差が最も拡大する局面、もしくはこれから縮小に向かう局面に位置することになる。それでは、このクズネッツの逆U字仮説が想定するように、アジア新興国の地域間所得格差は今後、縮小に向かうのだろうか。筆者はそう考えていない。

このクズネッツ逆U字仮説に従って地域間所得格差が縮小に向かうためには、農業部門・農村部門から工業部門・都市部門への人口移動がより一層進む必要がある。逆にいえば、その人口移動がスムーズに進まなければ格差は是正されないことになる。ここにアジア新興国に共通する課題があると考えるからである。

なぜならアジア新興国に共通して少子高齢化が進んでおり、若年人口がメガ都市・メガリージョンへの移動を加速させる一方で、ベビーブーム世代である中高年人口の多くが農村にとどまり続ける可能性が高い。その結果としての地域間の人口構成の相違が、成長力の格差になる。

次にこの点についてもう少し詳しくみておこう。まずアジア新興国で共通して起こっている「少子高齢化」について確認することから始めよう。

2　都市と農村の人口ボーナス格差

アジアの少子高齢化

かつてアジアは世界で最も人口増加の著しい地域であった。しかし現在では、そう遠くない将来、人口減少に向かうことが確実視されている。

国連人口統計によれば、日本、NIES、中国、ASEAN5の人口は、二〇〇五年の一九億七九〇〇万人から三五年に二二億四二〇〇万人まで増加した後、減少に向かう見込みである。世界人口に占める割合も三〇・四%から二六・九%へ低下する。中国に次ぐ人口大国であるインドを加えると二〇〇五年の三一億一〇〇〇万人から三〇年は三七億七七〇〇万人に増加するものの、世界人口に占める割合は、やはり四七・七%から四四・〇%へ低下し、二〇四五年頃から人口は減少に向かう。

この人口減少の主因は、出生率の急速な低下である。

ある国の人口は、所得水準の上昇にともない、高出生率・高死亡率の「多産多死」から低出生率・低死亡率の「少産少死」へと変化することが知られている。これは「人口転換」と呼ばれるもので、途上国と先進国の間でも確認できる。『世界開発指標二〇一〇』によれば、人口一〇〇〇人当たりの出生数を示す粗出生率（単位‰〔パーミル〕）は、低所得国の平均が三二‰、中所得国が一九‰、高所得国が八‰である。

アジア各国の出生率は、経済成長と家族計画を含む人口抑制策を背景に、一九七〇年代半ば以降急速に低下してきた。粗出生率が一五‰になった時点を「少産少死」の人口転換点とするならば、日本とＮＩＥＳ、中国、タイがすでに転換点を通過したことになる。

現在の出生率の水準を合計特殊出生率で示せば、日本とＮＩＥＳのそれは一・五を下回り、中国とタイが一・六前後、インドネシア、ベトナムも二を少し上回る水準でしかない。アジアでは子供の数が急速に減少しているのである。

このような出生率の低下が地域間所得格差に及ぼす影響を考えるためには、以下の三つの特徴を押さえておく必要がある。

第一に、出生率の低下が都市だけでなく地方・農村を含め全国レベルでみられることである。二〇〇八年の中国において粗出生率が先進国並みの水準である一〇‰を下回った地級市は一〇九と全体の三二％を占めた。一〇～二〇‰は二二〇で、二〇‰を超えたのは一一のみであった。このような地方・農村での出生率の低下は、中国だけでなく、アジアの新興国で共通の現象でもある。タイでも同様、二〇〇六年の統計によれば、七六県のうち、一〇‰未満が二〇県、一〇～一五‰以下が四〇県で、二〇‰を超えたのは四県しかない。

図4－4　中国の人口ピラミッド（2008年）

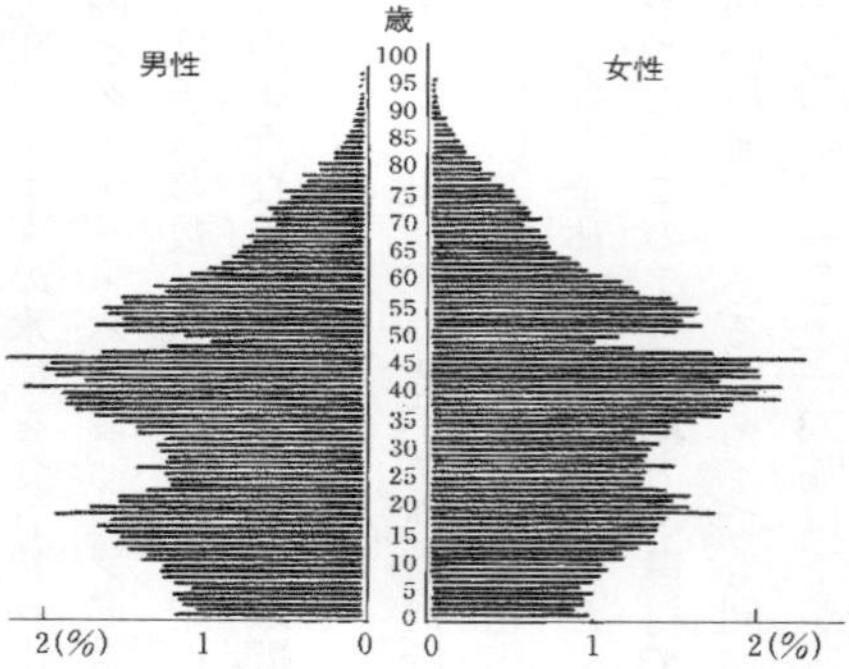

（出所）中国国家統計局『中国人口年鑑2009』より作成

所得水準が低いにもかかわらず、農村の出生率が低水準にあるのは、学歴社会の浸透によるものと考えられる。都市部での就職を考えれば、より高い学歴の取得が不可欠であり、所得水準が低い分、地方・農村では、学費を賄うためには、子供の数を制限して対処するほかに方法はない。これは、農村住民の生活スタイルの「都市化」といえ、このような傾向はアジア全域で起こりうることであり、メディアの発達や都市と変わらない製品やサービスが農村まで広がる過程で、さらに加速することは想像に難くない。

このように全国で出生率が低下していることを考えれば、これまでのように地方・農村に豊富な余剰労働力があるという見方は修正しなければならない。

第二に、出生率の低下がベビーブーム世代を形成したことである。とくにアジア新興国では、共通して一九七〇年代後半に出生率が急速に低下したため、それ以前の一九六〇年代生まれがベビーブーム世代を形成していることが多い。図4－4は、二〇〇八年の中国の人口ピラミッドをみたものであるが、三〇歳代後半から四〇歳代前半にベビーブーム世代が形成されていることがわかる。また、その子供に相当する一五〜二〇歳代もベビーブーム世代ジュニアとして人口比率が高い。

地方・農村の出生率は都市部のそれよりも若干高いものの、出生率の低下傾向が似通っているため、やはり同様の年齢層にベビーブーム世代を抱えている。そして、このベビーブーム世代の存在が、さまざまな経路を通じて経済社会に大きな影響を及ぼすことは日本と同様である。

第三に、出生率の低下が長期間続けば、将来的な高齢化の加速要因となることである。アジアの高齢化のスピードは日本と同様に速い。東アジア全体でみても二〇一〇年の高齢化率（六五歳以上の人口比率）は九・二％と、世界平均の七・七％を上回っており、二五年には一四・三％、五〇年には二四・二％へ上昇する見込みである。高齢化率が七％を上回った時点から一四％に達する期間をみると、日本が二四年で世界的にも速かったといわれているが、アジア新興国のそれは、日本と同様のスピードで進む。つまりアジアの人口問題は、日本と同様、「人口減少」と「少子高齢化」にどう対処するかということに行き着く。

人口ボーナスとは何か

出生率の低下は即座に高齢化につながるわけではない。三〇〜四〇年間、その国は子供と高齢者の人口比率が低い社会を経験する。それは働き手が多い社会であり、経済成長を促進する機会を得る。このように人口構成の変化が経済成長を後押しする効果は「人口ボーナス」と呼ばれる。詳細な説明は、拙著『老いてゆくアジア』(二〇〇七年)に譲るとして、ここではその概要をかいつまんで述べておこう。

途上国は、出生率が低下する局面で、負担の軽減と生産の拡大という二つの面から、経済成長を促す「機会」を得る(図4-5)。機会としたのは、その効果を十二分に享受するためには、それに見合った政策、国際環境、教育制度などが必要であり、出生率が低下しさえすればその効果は必ず現れるものではないからである。「ボーナス」と呼ばれる意味はそこにある。

負担の軽減とは、年少従属人口(〇〜一四歳)の人口比率低下による子供の養育負担の軽減である。これまで子沢山な途上国では、所得の大部分がその養育費に回され、成長に必要な投資に向ける貯蓄が不足していた。出生率の低下は、途上国に貧困の悪循環から逃れる機会を与える。

他方、生産の拡大には、生産年齢人口(一五〜六四歳)の比率の上昇が寄与する。社会の

図4-5　人口ボーナスと人口オーナス（中国のケース）

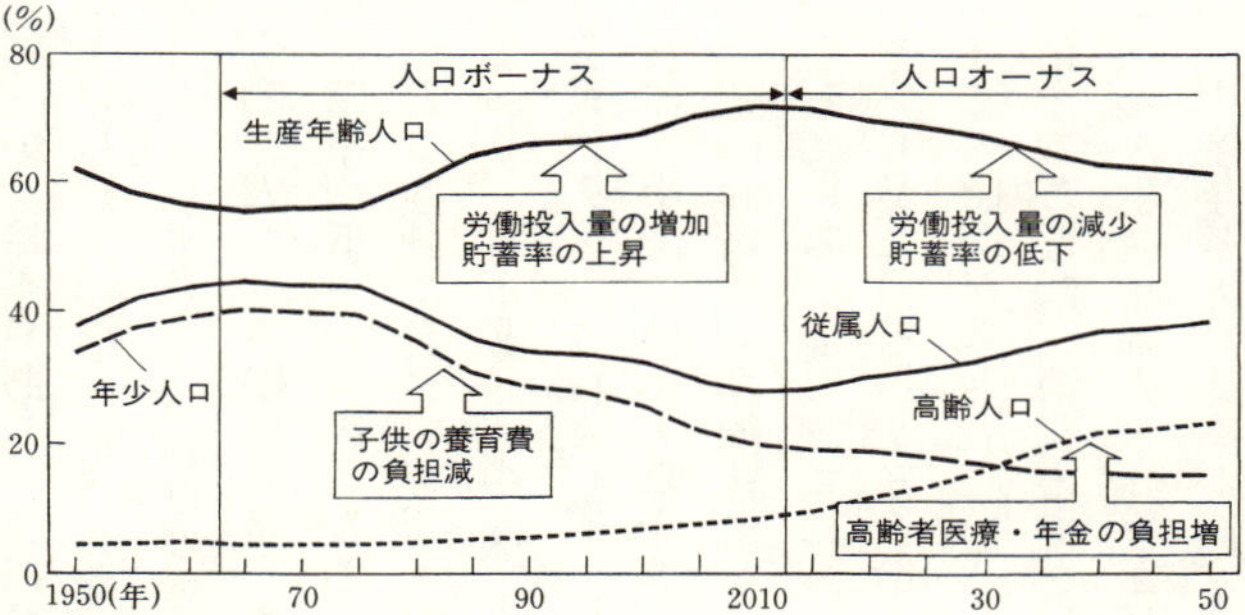

（出所）筆者作成

なかで働き手が多いことは、労働投入量の増加と国内貯蓄率の上昇をもたらすと考えられる。とくに貯蓄率の上昇には前述の年少人口の負担が減少することも寄与する。現時点でアジアは、日本を除いて、人口ボーナスを享受できる期間の最中にある。

しかし、人口ボーナスの効果はいつまでも続くものではない。やがて生産年齢人口比率が低下し、高齢人口比率が上昇するに従い、前述したのとは逆のメカニズムが働き、成長を下押しする。すなわち負担が増大し、生産が縮小する。

それでは、アジアの人口ボーナスはいつまで続くのか。

人口ボーナスの期間について定まった見方はないが、生産年齢人口の比率がピークを迎え、低下に向かう時点がひとつの目安とされることが多い。これは負担面でいえば、高齢人口の増加を背景に従属人口の比率が上昇に向かう時点であり、負担が増加し始める時点である。この観点から、これ以降の時期を人口ボーナスに対して、小峰隆夫編『超長期予測　老いるアジア』(二〇〇七年)は、「人口オーナス(オーナスは負担の意味)」と呼んだ。生産面では、生産年齢人口比率の低下とともに労働力人口・労働投入量も増加が見込めなくなる。社会に働き手が少なくなることは、国内貯蓄率の低下の要因となろう。

国連人口推計に基づいて、その終点を計算すると、日本は一九九〇~九五年にこの時点を迎えており、NIES、中国、タイも二〇一五年頃にこの時点に達する。NIESの所得水準は先進国と変わりはないが、中国やタイでは先進国に達する前に人口ボーナスが終わることになる。中国では「未富先老(豊かになる前に老いる)」としてこの問題が議論されているし、タイにおいても高齢社会への対処は、持続的な経済成長を維持する上での重要な課題と認識されている。他の国では、ベトナムが二〇一五~二〇年、マレーシアが二〇三〇~三五年、インドが二〇三〇~三五年と、人口ボーナスの期間は前述の国よりも長く続くが、それほど多くの時間が残されているわけではない。人口構成の変化によって成長力を支える要因が変化することは、消費市場を展望する際にも考慮されるべき視点である。

もちろん生産年齢人口比率が低下に向かったとしても経済成長が急速に鈍化するわけではない。生産年齢人口比率が高水準にあるうちは、国内貯蓄率も高い水準にとどまることが期待できるからである。その資金を効果的に活用すれば成長を維持することができる。この効果を人口ボーナスに含めるならば、その期間は前述のものよりも、およそ一〇～一五年ほど長くなる。ただし高齢人口比率の上昇により、社会の負担が増加することを軽視してはならない。

しかし、アジア新興国の現実をみると、人口ボーナスがそれほど長期間続くものではないにもかかわらず、成長に鈍化の兆しがほとんどみられない国が多い。なかでも中国はこの五年間で人口ボーナスの効果が薄れると考えられるなか、年平均一〇%の高成長を維持している。中国は、人口ボーナスの例外なのであろうか。

ここで注意しておきたいのは、人口ボーナスの考え方は生産年齢人口と労働力人口の変化が一致するという完全雇用を前提としたものであり、新興国の人口ボーナスを考える上では修正が必要になることである。先進国では、生産年齢人口のすべての人が働いているわけではないが、生産年齢人口のトレンドと労働力人口のトレンドはほぼ一致する。しかし新興国では、都市でも農村でも失業者が多く、生産年齢人口が増えても労働力人口がそれほど増えないという状況にある。人口ボーナスを享受できる機会を逸しているといってもいい。

他方、経済が成長路線に向かえば、生産年齢人口の増加に加え、余剰労働力を労働市場が吸収することによって、実質的な労働力人口と労働投入量を急増させることができる。途上国の経済成長率は、この余剰労働力の吸収力が強いほど高くなる。

人口ボーナスの後半にありながら中国が二〇〇〇年以降高成長を実現できた背景には、農村から都市への移住者や出稼ぎ労働力（農民工）が実質的な労働投入量増加をもたらしたことがある。つまり、近年の中国は、この余剰労働力を一気に吸収することで、人口構成の変化から想定される以上の人口ボーナスの効果を享受しているのである。

人口移動のインパクト

新興国で余剰労働力を吸収し、高成長を遂げてきたのが、メガ都市・メガリージョンである。このことを、長江デルタ経済圏を例にみておこう。

地域間の実際の人口移動を統計として捉えることは難しい。ここでは各地域の年末における「常住人口」と「戸籍人口」の差を「移動人口」と見立てる。常住人口は戸籍人口に、戸籍は持たないが当該地域で仕事を持ち、居住を正式に認められた人を加えた人口である。他地域から移住して戸籍を取得した者が含まれること、農民工などの出稼ぎ労働者を含まないという問題はあるので、以下に述べる移動人口の数字は、控えめなものとして捉えていただきたい。

長江デルタ経済圏（安徽省の二地級市〔馬鞍山・銅陵〕を除く）における常住人口と戸籍人

口の差は、二〇〇五年の一一〇〇万人から〇八年には一五〇〇万人に増加した。つまり、この三年間に四〇〇万人が長江デルタ経済圏に移動したことになる。そしてその差は、全人口の二〇%を超える。五人に一人が他の地域からの移動者なのである。

二〇〇八年において人口流入の規模が最も大きいのは上海で、五〇〇万人であるが、二〇〇五年と〇八年の間の増加分では、蘇州が一三〇万人と上海の八〇万人を上回っている。これは大量の雇用を必要とする工業の中心が上海から蘇州に移っているためである。ちなみに、この三年間の長江デルタ経済圏の年平均人口増加率は二・七%で、全国の〇・五%よりはるかに高い。

この点は、タイも同様である。NESDB（国家経済社会開発庁）の人口推計を用いると、二〇〇二年から〇九年の年平均人口増加率が、全国レベルでは〇・七%であるのに対し、バンコクと周辺七県のそれは一・〇%と高く、またバンコクを除いた七県では一・五%とさらに高くなる。いまや人口移動の受入れはバンコクよりも、その周辺が多い。これは工業の中心がバンコク周辺にあるからであり、上海と蘇州の関係と同様である。

結果として人口流入は、メガ都市やメガリージョンの人口構成を若いものに保ち続ける源になっている。二〇〇五年の上海、江蘇省、浙江省、安徽省のうち長江デルタ経済圏に含まれる地級市とそれ以外の地級市を生産年齢人口比率で比べると、長江デルタ経済圏が七六・

図4－6　長江デルタ経済圏とその周辺地域の人口構成格差

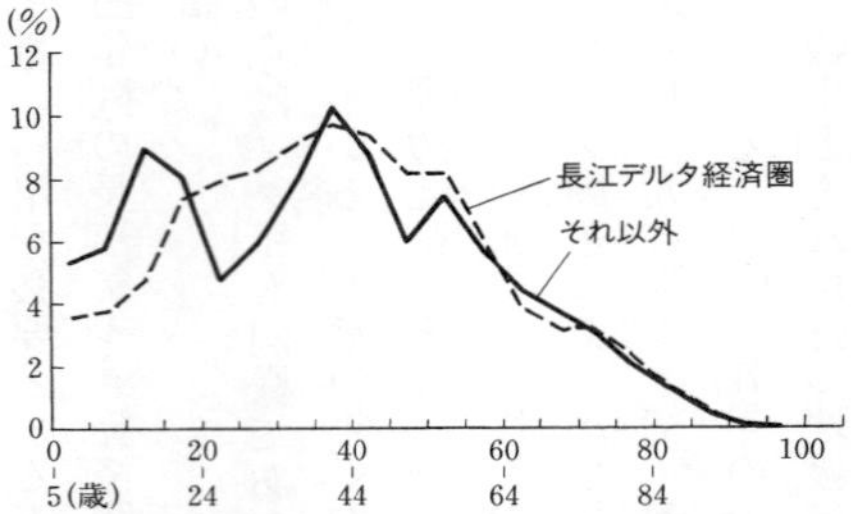

（出所）中国国家統計局『2005年全国１％人口調査サンプル資料』より作成

三％と、それ以外の地級市の六九・一％よりも高く、一五～三四歳の若年人口でも、長江デルタ経済圏が三〇・四％、それ以外が二六・一％と差が存在する。

図４－６は長江デルタ経済圏とその周辺地域の年齢別人口構成をみたものである。長江デルタ経済圏の人口構成はベビーブーム世代を中心にひとつの山を形成しているのに対して、周辺地域の人口構成はベビーブーム世代とそのジュニア世代との間に大きな溝が存在する。この溝に相当する一五～三五歳の人口が周辺地域から長江デルタ経済圏へ移動したと考えられる。

つまり、長江デルタ経済圏は人口流入により人口ボーナスの効果を増大させ、また長期化するように作用したといえる。他方、人口が流出する地方・農村では人口ボーナスの期間が短くなり、人口オーナスの到来が早くなる可能性がある。このような人口移動が続けば、地域間格差は拡大することになる。

これに対してメガ都市やメガリージョンへの移住者は、将来的には故郷に帰るという見方がある。そうなれば、メガ都市・メガリージョンと地方・農村との人口構成の格差は是正され、また彼らがメガ都市やメガリージョンでの就労から得た経験、知識、人的ネットワークを地方・農村開発に活かせば、地域間格差は是正に向かうだろう。

しかし、メガ都市・メガリージョンで職業を得、成果を収めた人々の帰郷は、どのくらい期待できるのであろうか。この点について、日本の例を振り返ってみよう。

日本では一九六〇年代にかけて、東京圏、大阪圏、名古屋圏の三大都市圏に向けて、団塊の世代を中心に大量の人口移動がみられた。一九七〇年代に入って三大都市圏への人口移動は急速に減少し、七六年にはマイナス、つまりこれら都市圏からの人口流出がみられたことがあった。当時は、故郷へ戻る「Uターン現象」あるいは他の地域へ移住する「Iターン現象」と呼ばれ、新しい人口移動として注目された。

ところが一九八〇年代に入ると、三大都市圏への人口移動が再びプラスに転じ、そして現在もなお日本全体では人口は減少しているにもかかわらず、メガリージョンである東京圏だけは人口増加を続けている。そして団塊世代の多くは移動先にとどまったままである。

現在の中国では、農村戸籍と都市戸籍の変更が困難であり、このことが人口移動を制限している状況にあるにもかかわらず、大量の人口移動が起こっている。

このようななかで戸籍制度が見直され、農村戸籍と都市戸籍の変更が容易になれば、メガ都市・メガリージョンへの人口移動は、さらに加速するだろう。そうであるならば、メガ都市・メガリージョンに向けた人口移動は止まらないと考えたほうが現実的である。

この人口移動がもたらす人口ボーナスの地域間の成長格差について、もう少し詳しく考えてみよう。

メガリージョンの人口ボーナス

上海もバンコクも合計特殊出生率はすでに一を下回っているが、国全体が人口オーナス期に移行したとしても、これらのメガ都市・メガリージョンは、地方・農村からの若年人口を吸収することで、人口ボーナスの効果を長期間享受できる。

さらに、メガ都市の場合には、国内だけでなく、海外から安い労働力を引き寄せることも可能である。バンコクではラオス、カンボジア、ミャンマーなどの近隣諸国から一〇〇万人を超える労働者を受け入れている。クアラルンプールの安価な労働力はインドネシアからの出稼ぎ労働力によって支えられている。

また、メガ都市には、より高い人的資本が集中する点でも有利である。高学歴や高技術を有した人材が、高所得の雇用機会が多い地域へ向かうのは自然である。つまり、アジアで起こっている人口移動がメガ都市・メガリージョン経済に及ぼすインパクトは、労働力人口という量による効果だけでなく、人材の集中という生産性の向上をともなうものである。

表4－2　タイの労働力人口の最終学歴（2008年）

		全国 a		バンコク b		バンコクの比率（%：b／a）
		1000人	%	1000人	%	
初等教育	就学前	12,500	33.2	643	15.7	5.1
	小学校	8,551	22.7	728	17.8	8.5
	中学校	5,816	15.5	637	15.6	11.0
高等学校	普通学校	3,710	9.9	428	10.5	11.5
	職業学校	1,278	3.4	215	5.3	16.8
	教員養成	11	0.0	0	0.0	0.0
高等教育	大学	3,111	8.3	1,064	26.0	34.2
	短大（技術専門）	1,739	4.6	278	6.8	16.0
	教員養成	746	2.0	60	1.5	8.0
	その他	155	0.4	34	0.8	21.9
	合計	37,617	100.0	4,087	100.0	

（出所）National Statistical Office, Thailand, *Labor Force Survey 2008 Q2*

人的資本の質は、個人の経験や技術、知識、人的ネットワークの活用などのさまざまな要素から影響を受ける。ここではバンコクを例に労働力人口を最終学歴から考察し、他の地域と大きく異なることを示しておきたい。

表４－２は、タイ全体とバンコクの労働力人口の最終学歴を比較したものである。労働力人口でみると、三七六二万人のうちバンコクは四〇九万人であり、その割合は一〇・九％である。

タイの教育制度は、大きく初等教育、高等学校、高等教育の三つに区分されるが、全国レベルでは初等教育以下が七一・四％と大半を占めている。この点については、バンコクも同様で初等教育以下は四九・一％と高い。

しかし高等教育になるとバンコクの大学卒業以上の労働者は一〇六万人と全体の二六・〇％を占める。

全国の大学卒業以上の労働者は三一一万人であるから、バンコクにそのうち三四・二%が集中していることになる。

このような生産性の高い人的資本のメガ都市への集中は、中国や他の東南アジアの都市でも共通してみられることであり、メガ都市とメガリージョンの発展により強く寄与する一方、地方・農村との生産性格差をもたらす原因となる。

さらにメガ都市では、以下の要因から質の高い人的資本が集中する傾向はさらに強まるものと考えられる。第一に、メガ都市の住民は所得が高いため、子供により高い教育を受けさせる能力が高いことである。第二に、メガ都市へ移動する者の教育水準が高いことで、能力の高い人は、それに見合った雇用機会の多い地域で働こうとする。第三に、大学など高等教育機関がメガ都市に集中しているため、そこで教育を受けた者がそのまま居住することなどが想定される。第四にメガ都市はさらに国際化を進めることで海外から優秀な人材を引き寄せることができる。

メガ都市の景観が若々しいのは、地方・農村から移住する若い世代や出稼ぎ労働者が多いからである。若者が闊歩する東京・渋谷の交差点を想像してほしい。高齢化どころか少子化の現実さえ実感できないだろう。しかし、渋谷区の出生率が高いわけではない。メガ都市の景観から、その国全体で起きていることを推し測ることが、いかに危険であるかがわかろう。

地方・農村の人口オーナス

一方、地方・農村では、メガ都市やメガリージョンとは正反対のメカニズムが働くことになる。つまり、人的資本の量・質両面での流出が、地方・農村の人口ボーナスを短縮化し、所得水準が低い段階で人口オーナスに突入させる。

たしかに現在では、地方でも工業化や都市化が進んでおり、余剰労働力を吸収することで成長が高まっている。農村でも多くの人が近くの町の工場や店舗で働くようになり、タイ東北部では農村の所得のうち農業外収入が半分近くになってきた。また出稼ぎ労働者や移住者からの送金も全収入の二割程度に達している。

しかし人口流出は、地方・農村の高齢化を加速させていることを忘れてはならない。上海や江蘇省、浙江省への労働力の供給地である安徽省の常住人口は二〇〇八年が六一〇〇万人と戸籍人口の六八〇〇万人を大幅に下回っており、なかでも巣湖《そうこ》（戸籍人口四五七万人）では高齢化率がすでに一四％を超えている。中国全体で豊かになる前に老いることが危惧《きぐ》されているが、巣湖ではすでに現実化している。このような地方・農村が、中国、ASEAN諸国で今後多く出現してくる。

加えて人口移動には年齢的な特徴があり、地方・農村に住むすべての余剰労働力が移動す

図4－7　人口移動スケジュール

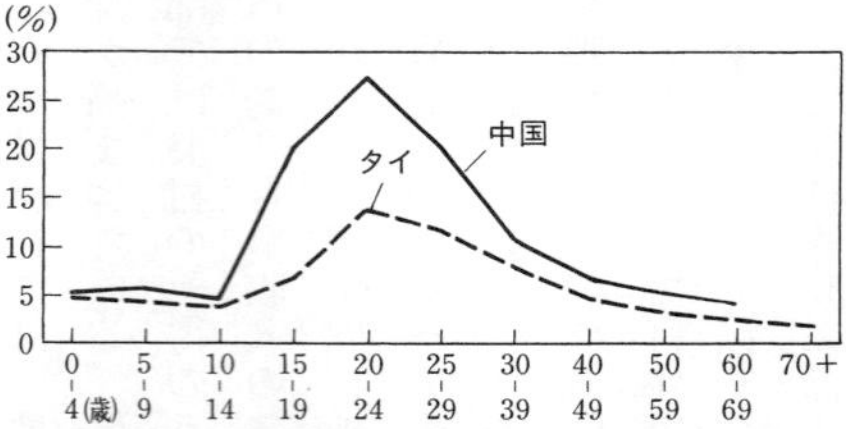

（注）比率は人口移動率＝年齢別移動人口／年齢別人口
（出所）国務院人口普査弁公室他編『中国2000年人口普査資料』、National Statistics Office, Thailand, *The 2000 Population and Housing Census* より作成

るわけではないことも格差拡大の原因となる。

人口移動は、単に所得格差だけでなく、それぞれの資金力や資格・能力、人的ネットワーク、個人のリスク嗜《し》好《こう》、家族や地域住民との関係などから影響を受ける。そして、これらの条件は農業部門・農村部門に住む人に一様に備わったものではなく、とくに加齢にともない移動に関わる能力は低下すると考えてよいだろう。

図4－7はタイと中国の人口移動率を年齢層別にみたものであるが（人口移動スケジュールと呼ばれる）、移動率の水準には違いがあるものの、若年人口で高く、二〇～二四歳をピークに急速に低下する点で共通している。加齢にともない人の移動は困難になる。地方・農村では、中高年層がその地域にとどまり続けることになる。彼らはベビーブーム世代である。

より高い人的資本が地方都市や農村から大都市へ移動することは、メガ都市・メガリージョンと地方・農村の間に人的資本の質の格差を生み出す。地方・農村では、高学歴の人的資本の確保が難しくなることに加えて、とくに農村にとどまるベビーブーム世代の加齢にとも

図4－8　中国の農村の人口構成と最終学歴（2005年）

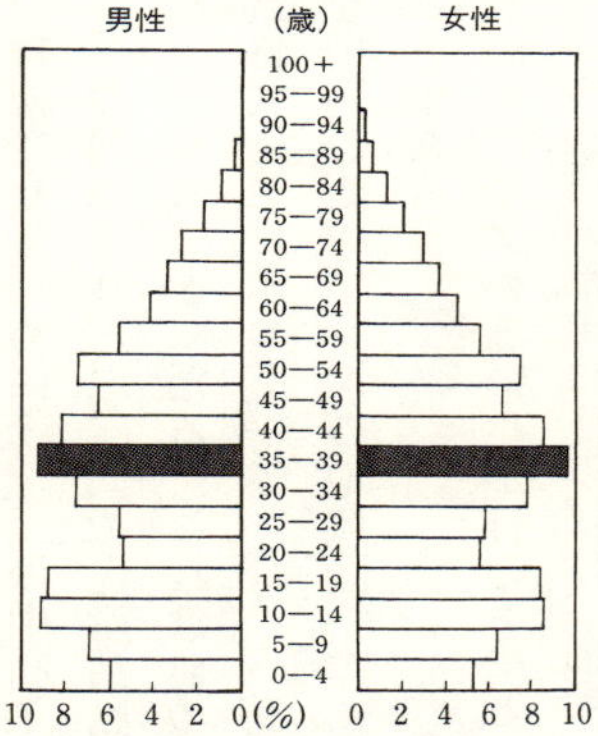

最終学歴

年齢	未就学	小学校	中学校	高校	専門学校・大学	合計
65＋	58.9	34.6	5.1	1.1	0.2	100.0
60-64	32.9	49.6	14.8	2.4	0.3	100.0
55-59	23.1	56.7	17.4	2.4	0.4	100.0
50-54	18.1	52.3	24.4	4.7	0.4	100.0
45-49	12.2	42.2	34.9	10.1	0.6	100.0
40-44	6.8	34.2	49.5	8.9	0.6	100.0
35-39	5.6	36.7	52.8	4.2	0.7	100.0
30-34	4.9	32.2	57.0	4.8	1.1	100.0
25-29	3.9	24.0	62.4	7.5	2.2	100.0
20-24	2.9	17.0	65.7	11.3	3.1	100.0
15-19	1.3	9.7	65.6	22.3	1.0	100.0
10-14	0.9	60.8	37.9	0.4	0.0	100.0
5-9	5.5	94.1	0.4	0.0	0.0	100.0
全体	13.8	40.7	38.5	6.3	0.8	100.0

（出所）中国統計局『2005年全国１％人口サンプル調査資料』より作成

なう生産性の低下が格差を拡大させる。図４－８は、二〇〇五年の農村の人口構成と最終学歴を示したものである。最も人口構成比率の高い三五～三九歳（二〇一〇年の四〇～四四歳）の最終学歴をみると小学校以下のものは四二・三％であり、中学校以下では九五％を超える。都市の同年代は、それぞれ一七・八％、六六・二％であり、格差は大きい。

これらは二〇〇五年のサンプル調査であり、二〇一〇年についてはセンサスが公表される二〇一二年頃まで定かではないが、先の人口移動スケジュールから想像すれば、中高年ベビーブーム世代は引き続き農村にとどまり、若年ベビーブーム世代は都市部へ職を求めて農村を離れているに違いない。

そう考えるならば、人口流出の激しい農村の成長を持続させるためには、この中高年ベビーブーム世代の動向にもっと注視すべきである。彼らが加齢により、五〇代で生産活動が困難になれば、人口オーナスは前倒しになって襲いかかってくることになる。これは他のASEAN諸国でも注意しなければならない点である。大竹文雄『日本の不平等』（二〇〇五年）は、わが国の格差拡大の原因のひとつとして高齢化を指摘した。アジアの地域間格差は、地方・農村での高齢化の進展により、さらに拡大することになる。

しかもアジアの高齢化が日本と大きく異なる点は、日本ではベビーブーム世代（団塊の世代）が移動先の都市に住み続け、地方・農村の過疎化が進んだが、アジアではベビーブーム世代の多くが地方・農村にとどまっており、過疎ではないということである。

このように中国やASEAN諸国の高齢化は、所得水準の低い農村で起こる可能性があることに十分に注意したい。本書を貫くメッセージのひとつは、メガ都市やメガリージョンの成長を把握するには、国の平均化された指標を離れるべきだということにあるが、アジアの高齢化についても同様で、国の平均化された指標だけでは、地方・農村を襲うであろう高齢化の衝撃は計れない。

このような都市と地方・農村の人口構成の違いや人的資本の偏在を考慮に入れれば、地方・農村の高成長や、BOP市場、ボリュームゾーン市場の将来に楽観的な絵を描くことは危険である。むしろ、この現実を見定め、低所得地域の持続的な発展の課題を克服することが肝要である。

3　地方・農村の持続的発展の課題

統合か、分断か

地方・農村からメガ都市・メガリージョンに向けた人口移動は、経済のグローバル化のなかで、さらにより高い賃金を求めて、海外のメガ都市・メガリージョンでの就労を求めて移動する。多国籍企業に関わる人の移動は、世界中にあるメガ都市間の人の移動といってよいだろう。また、メガ都市・メガリージョンの工場や建設現場は、外国人労働者の支えなくしては機能しなくなっている。日本でも同様で、東京の生活は、年々、外国人労働者に支えられるところが増えている。さらに、政府は高齢社会を支えるために介護医療のための外国人の就労を促進しようとしている。

いまやメガ都市の機能を人為的に、国内の他の地域へ移転することは不可能である。実際に、アジア新興国は、都市の一極集中化の回避、地方分散化の促進を目的とする政策を実施してきたものの、その効果はほとんどなかった。第2章でみたように、バンコクの一極集中回避のための地域分散化政策は、結果的にはバンコクを中心とする経済圏を拡大させたにすぎない。現在、中国では、江蘇省政府が長江デルタの成長領域を同省の北部へ波及させようとしているが、その成果はみられない。むしろ現実には同省北部から南部に向かって人口移動が加速し、格差は拡大する一方である。

そして、メガ都市・メガリージョンの賃金がさらに上昇した場合には、国内外の企業は、地方・農村を目指すのではなく、海外の人口集積の大きい地域へと向かう。中国・広州からバングラデシュ・ダッカへ、バンコクからベトナム・ホーチミンやカンボジア・プノンペンへと生産拠点を移転させるのである。経済のグローバル化が進むなかで、メガ都市・メガリージョンと地方・農村の間には、分断の力が強まっているように思われる。

メガ都市・メガリージョンの繁栄を地方・農村に行き渡らせ、その関係を統合に向かわせる方法はないのだろうか。

これについて世界銀行『世界開発報告――変わりつつある世界経済地理』(二〇〇八年)は、「経済成長は不均衡であっても、発展は包括的でありうる」という考え方を示した。同書は、メガ都市・メガリージョンのように地理的に集中する繁栄の偏在を認め、かつメガ都市・メガリージョンの活動への政府の直接介入は望ましくないとした。政府が実施すべきはインフラ整備や制度改革に通じて他の地域の成長を引き上げることであると主張した。いいかえれば、メガ都市・メガリージョンの機能移転は困難でも、地方・農村からメガ都市・メガリージョンに「アクセス」できるメカニズムを強化することで、地方・農村の生活水準の改善は十分に図れるというのである。実際に地方・農村とメガ都市・メガリージョンの格差は拡大しているものの、貧困率の低下や低所得地域の減少が示すように、メガ都市・メガリージョンの繁栄は徐々にではあるが各地域に広がっている。

また、グローバル化時代は、国際社会からの働きかけが地域間格差是正にプラスに寄与する時代でもある。貧困率の低下や低所得地域の底上げに、国際機関の支援・協力が果たした役割は小さくないし、近年は、メガ都市やメガリージョンの繁栄の波及を促すようなインフラ整備を、先進国や国際機関が率先して進めようとしている。またBOPビジネスのように、草の根援助と結びつけたビジネス展開も広がってきた。

これまでの貧困削減には、物資の供給だけでなく、教育へのアクセス、医療サービスへのアクセス、金融ツールへのアクセスなどを改善することが大きく貢献してきたことを考えれば、世界銀行が指摘するように、地方・農村とメガ都市・メガリージョンのアクセスを改善することによって地域間格差も是正に向かうかもしれない。

近年、先進国企業が新興国に目を向け始めたことも地域間格差是正の推進力となる。たとえば巨額の資金を要する途上国のインフラ整備も新しいビジネスと捉えられるようになっている。さらに低所得地域の新しい金融サービスとしてのマイクロファイナンスへの期待も高まっている。

インフラ整備はビジネス化できるか

地域間格差是正の最も有効な手段として、道路や鉄道などの輸送インフラの整備がある。道路や鉄道の拡張によって、地方・農村住民の都市へのアクセスが改善する。道路は人・モノを運ぶだけでなく、それに付随した情報の伝達経路でもあり、さまざまなサービスの普及経路である。道路が整備されていれば、配電や配水も容易になるし、医療、教育サービスの拡充にも効果がある。筆者は、大学院生の頃、東北タイに長期滞在したが、幹線道路に近い村落ほど物質的に豊かであったことを覚えている。

このような道路整備を中心とした輸送インフラ拡張による地域間格差是正策は、国を越えた開発計画にも活用されるようになってきた。たとえば、ASEAN諸国のなかで所得水準の低いカンボジア、ラオス、ミャンマー、ベトナム(いわゆるCLMV)の開発を、国境をまたぐ道路網の整備を通じて行う「大メコン経済圏(GMS)開発プログラム」がある。加えて、関税などの手続きの簡素化と一本化や、車両の乗り入れを含む越境交通協定などの制度改革を進めることで、人・モノの流通を促進する。中国とタイもこれに参加しているが、両政府は、雲南《うんなん》省、広西《こうせい》チワン族自治区、北タイ、東北タイの地域開発をCLMVとの国境貿易の促進により推進しようと考えているのである。

二〇〇八年にラオス・ビエンチャンで開催された「GMS首脳会議」では、五年間で総額二一八億ドルのプロジェクトが示された。そのなかで最も中心的な存在が、雲南省・昆明とミャンマー、ラオスを経てタイ・バンコクを結ぶ南北経済回廊、ベトナム・ダナンからラオスを抜けてタイを横切り、ミャンマー・モーラミャインに至る東西経済回廊、ベトナム・ホーチミンからカンボジア・プノンペンを通ってタイ・バンコクに通じる南部経済回廊である。さらにこの幹線道路から毛細血管のように地方に伸びる道路網整備が計画されている。

このようなアジア全域を対象としたインフラ整備は、新しいビジネスとして注目されている。メコン地域のほかにもインドのデリーとムンバイを結ぶ産業大動脈構想、インドネシア経済回廊など多数の計画がある。道路・鉄道整備に加え、エネルギー、通信、水道・衛生などの多方面にわたるインフラ整備について、アジア開発銀行は二〇一〇～二〇年に八兆ドルのニーズがあるとしている。これにより人・モノの流れが活性化することで経済統合が広域で実現し、地域間で切れ目のない「シームレスな発展」が可能だとし、これらプロジェクトによりアジアの途上国のGDPは一三兆ドル押し上げられると、経済産業省は試算する。

インフラ整備により人々の暮らしが改善するのは明らかである。

ただし、その収益性を軽視してはならない。まして民間資金を巻き込んだインフラ整備ならなおさらである。その収益性は地域によって異なるのは明らかであり、資金運用には慎重な調査と判断が要求されることはいうまでもない。

筆者は、この三年間に南北経済回廊、東西経済回廊、南部経済回廊を実際に車で走る機会を得たが、ほとんど使われていないことに驚いた。二〇〇九年に走った東西回廊では、ラオス国内において一時間にすれ違う車の数は二桁《けた》に達せず、逆に、数え切れない破損箇所に出くわした。破損箇所の多さからみても、同回廊があまり使われていないこと、その修復が放置されていることは間違いない。国際的に有名な東西回廊が、このような状態にあることをどれほどの人が知っているのだろうか。

マイクロファイナンスの役割とリスク

マイクロファイナンスとは貧困層向け小規模金融サービスの総称である。一九六〇年代以降、農家への肥料や農工器具の購入に対する持続的な融資への試みから始まり、七〇年以降は、グラミン銀行で代表される金融機関の成功によって目覚ましい進歩を遂げてきた。その過程で得られた経験、たとえば五人組制度導入による連帯責任と相互管理、教育や情報提供をともなわせることによる生産性の向上など、さまざまなノウハウが蓄積されてきた。金融サービスへのアクセス改善により、地方・農村では、低所得・低貯蓄ゆえに低投資・低生産という「貧困の悪循環」を断ち切ることが可能になってきた。このようなノウハウの蓄積、そしてそれを実施する現地機関への支援は、地域間所得格差にプラスに寄与しよう。

そしてこれらの経験はマイクロファイナンスだけでなく、さまざまな金融機関にも共有され、地方・農村への融資は拡大している。

ただし、マイクロファイナンスの本来の目的は、低所得層の自立を促すことにあり、消費の拡大を直接期待したものではない。

二〇〇七年秋口以降、世界経済の後退が進むなか、アジア各国はいずれも地方・農村にさまざまな景気刺激策を実施してきた。たとえば中国の「家電下郷」という政策は、地方・農村住民が、冷蔵庫や洗濯機、テレビなど家電耐久消費財を購入する際に価格の一三％を補助するという政策であった。これが低所得層の購買欲に火をつけた。国内外企業や金融機関のなかにも、地方・農村での消費に向けた貸出を活用しようという動きがみられる。また、名目上は生産活動を支えるための資金貸出であっても、実際には耐久消費財の購入資金に充てられるケースも増えているに違いない。

こう考えるのは実際に、タイでは、タクシン政権時代に地方・農村住民の生産活動を促すため、各村落に一〇〇万バーツの基金が設立されたことがあったが、その貸出がテレビやオートバイなどの耐久消費財の購入に充てられ、最終的には住民の債務が急速に増加したというケースがあったからである。このような持続性を軽視した貸出促進は、低所得層の債務増加につながり、かえって地域間格差拡大の原因となるリスクを孕《はら》んでいることには、十分に注意すべきである。

アジア開発銀行「台頭するアジアの中間層（The Rise of Asians Middle Class）」（二〇一〇年）は、貧困状況から抜け出したばかりの所得層は耐久消費財の新しい購入者として期待できるとする一方で、外的ショックに弱く、環境の変化により再び貧困層に陥る危険性が高い存在であることを指摘している。この観点に立てば、アジアの地方・農村への金融サービスの拡大は、生活改善のために不可欠なものであるが、再び貧困層に逆戻りさせるようなリスクを孕んでいることを軽視してはならない。

景気刺激や企業収益を優先するあまり、低所得層へ過度の貸出を行うことが、将来の厳しい景気後退と金融不安、収益悪化につながることは、アメリカのサブプライムローン問題で、つい最近私たちが経験したことである。アジアでそれが生じた場合、それは低所得層を再び貧困層へ逆戻りさせる可能性があることに十分に注意したい。

ここで述べたインフラ整備への融資、低所得者への融資などは、地域間格差是正には必須《ひっす》の手段である一方で、多くのリスクを抱えており、慎重な運営が不可欠である。

第5章　アジア新興国の政治不安

1　国内の南北問題

中所得国のワナ

アジア新興国の持続的な経済成長には、その牽引役であるメガ都市・メガリージョンの競争力強化が不可欠である。

これまでみてきたように、アジア新興国のメガ都市・メガリージョンは、世界向けの輸出生産拠点として成長し、近年は旺盛な消費市場として注目されるようになってきた。そして今後、メガ都市・メガリージョンには、当該国を先進国へと引き上げるため、先進国との競争に伍《ご》していけるように生産性を高めることが求められている。

しかし、その実現は容易なことではない。

この点は、近年「中所得国のワナ(middle income trap)」として議論され始めている。これは、天然資源の活用や外資企業の誘致などによって中所得国へと成長してきた途上国が、それまでの成長路線に固執し、産業構造転換の努力を怠れば、成長率は次第に鈍化し、先進国にたどり着くことが困難になることを示したものである。

この「中所得国のワナ」について早い段階で包括的に論じたのはインデミット・ギル/ホミ・カラス『東アジアのルネッサンス(*An East Asian Renaissance*)』(二〇〇七年)であった。これによれば、ASEAN4(タイ、マレーシア、インドネシア、フィリピン)が、このワナに陥る可能性があるという。

たしかに、一九九〇年代と二〇〇〇年代の成長率を比較すると、中所得国であるマレーシアとタイでは鈍化傾向にある。

図5-1は、一九九〇~二〇〇〇年と二〇〇〇~一〇年のアジア諸国の成長率(年平均)を比較したものである。一人当たりGDPが高い日本、NIES、マレーシア、タイまでの成長率が低下、それより下位の中国、インドネシア、フィリピン、インドの成長率が上昇と二分していることがわかる。下位のなかでもベトナムの成長率が七・六%から七・三%へ低下しているが、成長率の水準そのものが高いので鈍化とみるのは適切ではない。

このなかで、NIESの所得水準が先進国のレベルにあることを考えると、マレーシアとタイがまさに「中所得国のワナ」に直面している可能性がある。ちなみに、マレーシアの成長率は七・一％から四・五％に、タイは四・四％から四・三％に若干鈍化した。

たしかに、マレーシアとタイは、一九八五年のプラザ合意以降、日本企業やＮＩＥＳ企業の進出をテコに輸出を急増させることで、高成長を実現してきた。しかし、中国やインドが台頭するなかで、これまでのように外国企業に大きく依存した構造から脱却しなければ、先進国入りが難しくなるのは明らかである。

それでは、「中所得国のワナ」を回避するために必要な政策とは、どのようなものだろうか。

前出の『東アジアのルネッサンス』は、①多様化した産業構造から特化した産業構造への移行、②労働と資本の投入の絶対量に依存した成長から技術革新を基盤とした成長への転換、③義務教育を含めた基礎教育制度の整備から大学や研究機関などの高等教育の促進を通じた人的資本開発へのシフトをあげている。国によっては、政府主導や国営企業主導から民間部門主導の経済構造への移行などが、こ

図5-1　アジアの中所得国の成長率（年平均）

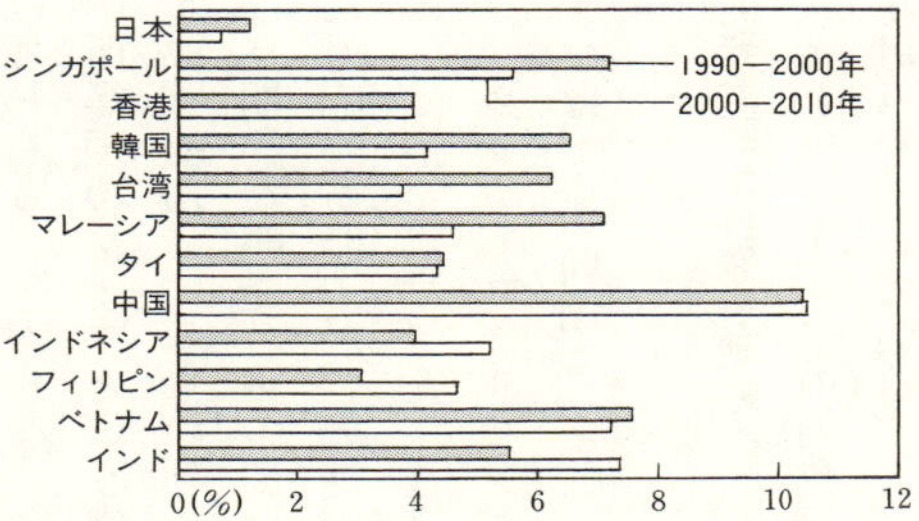

（注）１人当たり GDP の高いものから並べた
（出所）IMF, *World Economic Outlook, October 2011*

れに加わろう。

「中所得国のワナ」という表現は新鮮であるが、それを回避するための政策の内容は、先進国が取り組んでいるものとさほど変わらない。つまり、中所得国ともなれば、これまでのような長期的な開発計画の遂行だけでなく、経済のグローバル化のなかで激しさを増す国際競争に対応する能力が、先進国同様に求められていることを示したにすぎない。この点を考えれば、「中所得国のワナ」はマレーシアやタイに限ったものと捉えるべきではない。中国やインドネシア、フィリピン、ベトナム、インドもいずれ直面する課題であり、「中所得国のワナ」は、「新興国のワナ」と読み替えてもよいだろう。

開発計画から競争戦略へ

タイとマレーシアの両政府は「中所得国のワナ」を認識しており、すでにそれに対応した取り組みを始めている。

タイの場合、二〇〇一年に発足したタクシン政権下でその取り組みが始まった。第2章で述べたように、タクシン首相は当時、中国経済の躍進を脅威と捉え、その脅威に対抗するためには、国際競争力を持つ産業を育成するしかないと考えた。タクシンは、二〇〇二年に首相自らが委員長となる「国家競争力強化委員会」を立ち上げ、国際競争力についての権威であるハーバード大学ビジネススクールのマイケル・ポーター教授を招聘《しょうへい》し、タイが独自の競争力を持つ産業の選定と、その競争力を強化するための産業クラスター育成計画を作成した。その結果、育成する産業は、①食品加工、②自動車組立、③ファッション産業（繊維・衣類、宝石・宝飾品）、④観光産業、⑤ソフトウェア開発の五つに絞り込まれた。

タクシン政権の政策のユニークな点は、これらの産業クラスター形成を、二国間自由貿易協定（FTA）の推進と関連づけたことである。たとえば、タイとオーストラリア、ニュージーランドとの間で自動車の関税が撤廃できれば、オーストラリアやニュージーランド向けの自動車の輸出拠点としてタイが最適地になると考えたのである。

タクシン政権は「競争」という概念を政策に据えた点で、それまでの政権とは大きく異なる。従来の政策は、道路や港湾、電力などのインフラ整備、教育や医療・保健サービスの拡充、外国企業誘致による産業構造の高度化などを中心とした五年ごとの「国家経済社会開発計画」を基礎とするものであったが、タクシン政権は、国際社会のなかでのタイの立ち位置をつねに意識し、そのなかで勝ち残るための臨機応変な「競争戦略」を重視したのである。

このことは、タクシンが、先進国や中国との正面からの競合を避け、タイ独自の競争力を発揮できる産業を「ニッチ（隙間《すきま》）産業」と呼んだ点にも反映されている。前述の育成産業となった「ファッション産業」は、タイ製の繊維・衣類が価格競争力の点で中国に劣るのであれば、トロピカルなデザインを売りにしようという発想から出てきたものである。

タクシンは行政改革にも着手した。機動力を発揮するために、首相を国家のCEO（最高経営責任者）、大臣を省庁のCEO、各県の知事を地方政府のCEOとみなし、権限を大幅に拡大する一方、省庁を含む政府機関にビジョンの作成、数値目標の設定を義務づけ、成果主義による評価基準を導入した。

さらに、二〇〇五年には総額一兆八〇〇〇億バーツ（約六兆円）の「メガプロジェクト」を発表した。その多くは都市部の高架鉄道、地下鉄網の拡張を含むインフラ整備であり、メガ都市であるバンコクの競争力強化とその領域の拡大（メガリージョン化）を視野に入れたものであった。

二〇〇六年九月の軍クーデタによりタクシン政権が崩壊した後は、政治不安が続いているため、目立った政策は打ち出されていないものの、国家の競争力強化が必要であるとの認識は、現政権においても変わらない。

マレーシアも同様である。マレーシアは、ASEAN諸国のなかで、所得水準はシンガポールに次いで高く、一人当たりGDPは八〇〇〇ドルを超え、先進国入りがみえてきた。しかし、成長率は先に示した通り、二〇〇〇年以降鈍化傾向にあり、国内では、マハティール元首相が示した二〇二〇年に先進国入りを果たすという国家目標「ビジョン二〇二〇（ワワサン二〇二〇）」の達成が危ぶまれている。

これに対し、二〇〇九年四月に発足したナジブ政権は、「中所得国のワナ」という表現をそのまま用いて、国民に大胆な経済改革が必要であると訴えてきた。ナジブ政権もタクシン政権と同様に、中国やインド、インドネシアなどが台頭するなかにあっては、これまでのように労働集約的産業に依存した産業構造のままでは、国際競争に勝ち残っていけないとの危機感を持ったのである。

このことは、ナジブ政権が、発足直後にサービス産業や金融機関の現地資本の出資比率の下限を引き下げ、これまでのマレー人などを優遇するために採用してきた「ブミプトラ政策」を見直す姿勢を示したことからも明らかである。二〇〇九年末には行政の効率化を目標とした公務員制度の改革、「政府移行プログラム（GTP）」にも着手している。

ナジブ首相は、経済構造の抜本的改革を図るため、二〇〇九年半ばに国家経済諮問審議会（NEAC）を設立し、国家ビジョンと、なすべき政策の検討を命じた。その内容の一部は二〇一〇年三月に「マレーシア新経済モデル（NEM）」として発表された。そこでは、①市場原理の導入、②能力主義の採用、②透明性の確保、④産業基盤の強化などの基本方針が示されたが、注目したいのは、ブミプトラ政策の見直しや政府系企業の民営化などを明言したことである。

次いで、二〇一〇年六月に発表された「第一〇次五カ年計画（二〇一一～一五年）」では、育成すべき産業として「国家主要経済領域（NKEA：National Key Economic Area）」が掲げられた（表5－1）。このなかに示された産業は、原油やパームオイルなどの天然資源関連産業やイスラム諸国向け食品（ハラル食品）の生産（農業）とその流通、イスラム金融など、いずれもマレーシアが独自の競争力を有すると考えられるものばかりである。

また、産業以外に大クアラルンプール圏の建設が加えられたことに注目したい。これは、クアラルンプールの金融、観光、ハイテク分野の競争力を強化する一方、近隣の衛星都市を高速道路・鉄道で結ぶことで、経済圏を拡大させていくというものである。マレーシア政府もまた、メガ都市の領域拡大（メガリージョン化）を視野に入れていることは興味深い。

表5－1　国家主要経済領域（NKEA）

1	石油・ガス・エネルギー
2	パームオイル
3	金融サービス（資本市場を含む）
4	卸・小売・流通
5	観光
6	通信
7	教育
8	電子電機
9	ビジネスサービス（コンサルタント、会計を含む）
10	医療サービス
11	農業
12	大クアラルンプール圏の建設

（出所）第10次五カ年計画2011－2015

このようにタイとマレーシアの両政府が示した国家競争力強化メニューは、まさに「中所得国のワナ」を回避するための政策と理解できる内容であった。

ワナの回避はなぜ困難か

タイとマレーシアの政府は、「中所得国のワナ」を明確に認識しており、それに対応した政策を打ち出しているにもかかわらず、ワナの回避は容易ではないと考えられる。なぜなら先進国に比べて、中所得国には制約要因が多く、その政策の実施は容易ではないからである。

第一に、政権がこれらの改革に対する抵抗勢力を納得させるリーダーシップを有するかという課題がある。実のところ、マレーシアでは、「中所得国のワナ」を回避する改革が必要であることは、ずいぶん以前から議論されてきたものの、アブドラ前政権にはそれを立案・実施するリーダーシップがなかった。

二〇〇九年以降、マレーシアが大胆な改革に踏み切れるようになったのは、ナジブ首相のリーダーシップによるところが大きい。ナジブ首相は、第二代首相アブドゥラの長男で、かつ第三代首相フセインの甥《おい》にもあたり、その血統のよさから一種のカリスマ性を有している。このことは、ナジブ首相が、政権発足直後に、サービス産業の外資規制緩和に踏み切ったものの、大きな反発もなかったことが証明している。

ただし、ナジブ政権が前述の大胆な改革を完遂できるという保証はない。「第一〇次五カ年計画」では、ブミプトラ政策の継続を明記するなど、旧勢力に対する配慮もみられるからである。改革遂行にはまだ乗り越えなければならない山は多い。

改革の遂行には強いリーダーシップが必要であることは疑いないが、強すぎるのも問題である。タイのタクシン元首相は、専制的ともいえる強いリーダーシップを発揮し、経済構造改革を大胆かつ迅速《じんそく》に遂行してきた。その強引な政治運営は「タクシノクラシー（デモクラシーとの対比）」と呼ばれ、経済運営は「タクシノミックス（タクシンとエコノミックスの合成語）」、そして国家改革は「タクシナイゼーション（タクシン化）」として批判された。結果的には、都市住民や知識人の不満を買い、政権自体が崩壊してしまった。

第二に、国家競争力強化を促すプロジェクトの資金をいかに確保するかという課題がある。競争力強化の担い手は民間企業であるが、政府には、都市部のインフラ整備、人材育成、研究開発など、民間企業の活動を促す政策が求められる。しかし、その実施には巨額の資金が必要であり、中所得国政府が財政によって、そのすべてを賄うことは不可能である。たしかに近年は、経済のグローバル化のなかで海外からの資金調達が容易になり、同時に、国家プロジェクトに民間資本を活用する官民パートナーシップ（PPP）の枠組みも発展してきた。しかし、資金調達が保証されているわけではない。

たとえば、タイの「メガプロジェクト」は当初、民間資金の導入による運営が計画され、二〇〇六年初頭に説明会が開催されたが、投資家は興味を示さなかった。その後は、政局が急速に不安定化したこと、「メガプロジェクト」の内容を一部変更して「強靭《きょうじん》なタイ計画（Thai Khem Kaeng）」となったこともあり、その資金のほとんどは政府が負担することになった。

また、海外からの資金調達だけでなく、国内からの資金調達も難しくなっていることに注意したい。マレーシアやタイでは、国内資金が収益性の高い投資を目指して海外へ流出する傾向を徐々に強めているからである。マレーシアは多額の直接投資を受け入れる国であるが、他方、国内企業の海外への直接投資額も急増しており、近年は流入分を上回っている。また個人投資家の海外投資も年々増加している。タイでは、二〇〇九年には一億五〇〇〇万ドルの個人資本が韓国国債の購入を目的に流出した（キムチファンドとも呼ばれた）。経済のグローバル化が進展するなかでは、国内プロジェクトは、海外投資家だけでなく国内投資家に対しても優位な条件を提示しなければ、資金を確保できない状況になりつつあるのである。マレーシア政府は二〇一一年から二〇年までに四四四〇億ドルのプロジェクトを計画しており、そのうち六〇％に相当する二六六〇億ドルを民間部門から調達したいとしているが、その実現は容易ではない。

中進国の課題

そして、第三に、中所得国のワナを回避する国家競争力強化策と同時に、地方・農村の底上げを進めていかなければならないという課題がある。筆者は前にあげた二つの課題よりも、この課題こそが「中所得国のワナ」を回避するのを困難にしていると考える。そしてこの課題を、「中所得国のワナ」と区別するために、ここでは「中進国の課題」と呼ぶことにしたい。

「中所得国のワナ」を回避する政策の内容は、先進国のものと変わらないと述べた。ただし、これらの政策は、メガ都市・メガリージョンを対象とするものであり、中所得国は総じて全国レベルではまだ途上国としての課題に対応した取り組みが必要である。

前章で詳しくみたように、中国やASEAN諸国においてメガ都市・メガリージョンに住む都市住民は、国民のマジョリティではない。多くの国民は地方・農村に住み、その一部はまだ絶対的貧困に苦しんでいる。

わかりやすくいえば、タイやマレーシアなどの中所得国は、国内に「南北問題」を抱えているのである。マレーシア、タイだけでなくアジア新興国のメガ都市・メガリージョンが「先進国」、地方・農村が「途上国」として捉えてもよいくらいの地域間所得格差が存在する。つまり、「中進国の課題」とは、国内における南北問題にいかに対処するかである。

ここで「南北問題」という表現をあえて用いたのは、アジア新興国では、一様に地域間所得格差の是正に、迅速かつ慎重な対応が求められていることを強調したいからである。アジア新興国では地方・農村も貧困地域から脱却しつつあるからといって、楽観視してはならない。メガ都市・メガリージョンと地方・農村の所得格差への対応を先送りすれば、それは政治社会不安に発展する可能性がある。

近年のタイにおける政治社会不安の根本的原因は、所得格差であることは間違いない。

図５－２は、タイの県別一人当たりＧＤＰを高い県から順に並べたものである。

タイは、大きくバンコク首都圏、北部、東北部、中部、南部に区分されるが、そのうち北部と東北部の県の上部に印を付した。そうすると低所得地域が北部、東北部に集中していることが一目瞭然である。他方、図の右上に示した人口比率をみると、北部と東北部の人口の合算は全国の五二％と過半数を超えていることがわかる。二〇一〇年の三月から五月にかけてバンコクで反政府運動を行った赤シャ

図5－2　県別１人当たりGDPと人口比率

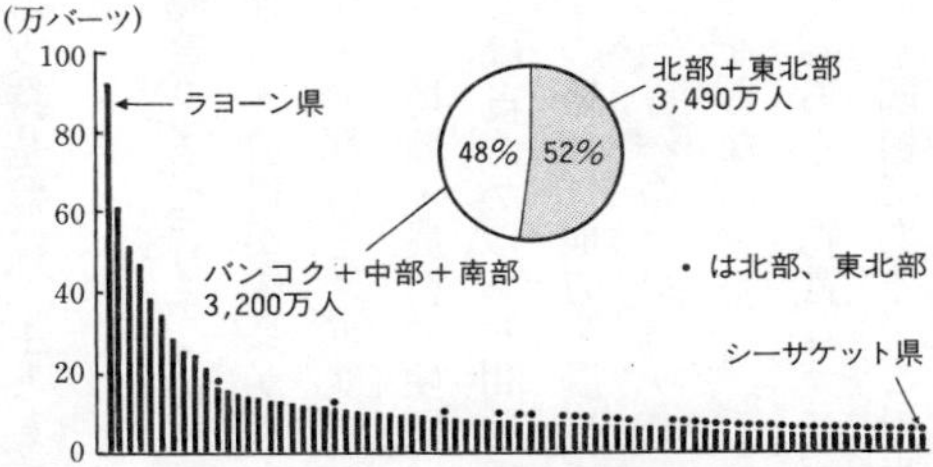

（出所）NESDB, *Gross Regional and Provincial Products 2009*, p.1 Estimation

ツの支持基盤は、主として、この北部、東北部の住民であった。

物言うマジョリティの台頭

地方・農村が成長からとり残されているのではない。所得は徐々に増加してきた。それでも、メガ都市・メガリージョンの成長はそれを上回るため、地域間所得格差は逆に広がっており、地域・農村の住民は、このことに苛立《いらだ》ちを感じているのである。そして、地域間所得格差は古くからある問題であるにもかかわらず、その不満をより強いものとしているのは、タイの場合、地方・農村住民が政治的意識を高めているからである。地方・農村住民はもはや「物言わぬマジョリティ」ではなく、「物言うマジョリティ」になっている事実を軽視してはならない。

もちろん「物言うマジョリティ」は地方・農村住民だけではない。都市に住む多くの低所得者も同様である。この点でいえば、二〇一〇年五月に実施されたフィリピン大統領選挙が象徴的であった。

これまでフィリピンの大統領選挙といえば、名望家や映画俳優など地名度の高い候補が勝利することが多かった。しかし、二〇一〇年の大統領選挙は、敗れはしたものの、貧困撲滅を最優先課題にあげたビリヤール上院議員が善戦したのである。つまり貧困問題を解決するという政策論争に国民が反応したのだ。これは、フィリピンにおいて貧困問題が深刻化したからではない。フィリピンにおいて貧困は長期間にわたって深刻な問題である。ビリヤール上院議員の善戦は、フィリピンの都市部の低所得者が政治意識を高めていることを示すものにほかならない。

マレーシアでは、大きな社会混乱は生じていないものの、二〇〇八年の総選挙で一三州のうち五州で野党が勝利するなど、従来の政治基盤に揺らぎがみられる。ナジブ政権が発足と同時に「ワン・マレーシア（one Malaysia）」をスローガンに掲げたのは、社会対立の表面化を危惧したからにほかならない。またブミプトラ政策の見直しも、その対象とならない国民に対して目配りしたものであった。

このように、二一世紀のアジアは、成長したがゆえに、格差が社会不安、そして政治不安の火種になる可能性を膨らませている。貧困率の低下や低所得地域の成長などから、アジア新興国の社会は安定に向かうだろうと楽観してはならない。

この点を、近年のタイの政治不安を事例に、もう少し詳しくみておきたい。

2　なぜタイは政治不安に陥ったのか

治安の悪い国への転落

長い間、タイは、ASEAN諸国のなかで最も治安のよい国と認識されてきた。

タイは「微笑《ほほえ》みの国」と呼ばれ、かつて軍によるクーデタが幾度かあったものの、いずれも流血事件には至らず、クーデタにより政治社会が混乱することはほとんどないと認識されていたはずである。

そのタイの政治社会は、近年の黄シャツ、赤シャツの双方による反政府運動のなかで急速に不安定化してきた。すでにタイが治安のよい国との印象は失われている。

図5－3は、JBIC（国際協力銀行）のアンケート調査において、タイを事業有望国と回答した企業のうち、その有望理由として「治安・社会情勢が安定」をあげた企業と、課題として「治安・社会情勢が不安」をあげた企業の割合の変化をみたものである。

二〇〇六年九月のクーデタ以前は、タイでの事業有望理由として「治安・社会情勢が安定」をあげる企業が多かった。二〇〇五年のアンケートでは全体の四〇％を超えていたほどである。しかし、軍のクーデタ以降、その割合は急速に低下し、二〇一〇年にはわずか三％

となった。逆にタイでの事業の課題を「治安・社会情勢が不安」であると答えた企業は、二〇〇六年の四・七%から二〇一〇年には五〇%へ上昇した。

なぜタイは政治不安に陥ってしまったのだろうか。

タイを政治不安に陥れた要因と経緯については、末廣昭『タイ——中進国の模索』(二〇〇九年)、柴田直治『バンコク燃ゆ』(二〇一〇年)、日本タイ協会『タイ国情報』のなかの玉田芳史、村嶋英治それぞれの論文などに詳しい。

図5-3　日本企業のタイの政治社会情勢についての評価

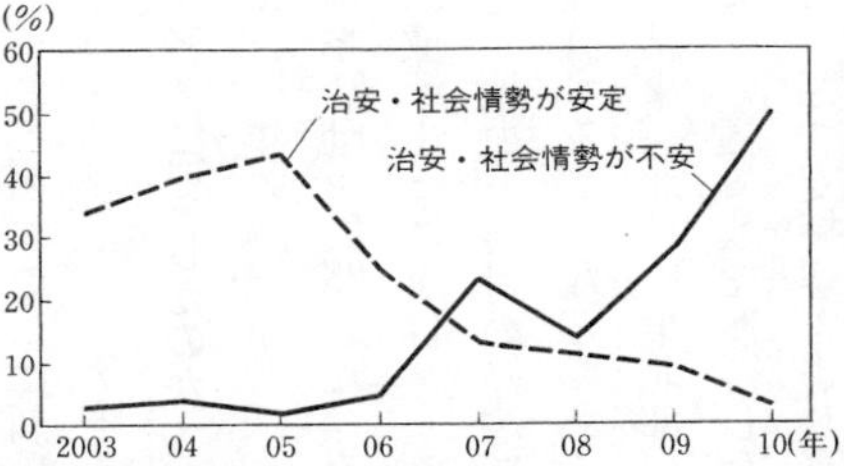

(注) 回答企業のうちの割合 (複数回答)
(出所) 国際協力銀行 (JBIC)『わが国製造業企業の海外事業展開に関する調査報告』

いずれも、政治不安の原因として、タクシン政権時の政策をあげている。タクシンは何をしたのであろうか。

「中進国の課題」は、メガ都市・メガリージョンの大企業と地方・農村に住む住民への政策の両立であり、これを軽視することは政治社会の不安化につながると述べたが、タクシン政権は「中進国の課題」を軽視したわけではない。むしろ、タクシン政権は、地方・農村住民がマジョリティであることを十分に認識し、彼らへの政策を重視することで、安定的な支持基盤を築こうとした。

それでもタクシン政権は崩壊し、その後も政治社会不安が続いている。ここに新興国の政治運営の難しさ、社会安定維持の難しさがある。

タクシンは何をしたのか

二〇〇一年の総選挙で、タクシンが率いる「タイ愛国党」は、地方・農村向けの公約を掲げて選挙活動を展開した。その公約とは、これまで医療保険の対象外にあった地方・農村住民に医療サービスを付与すること、通貨危機以降借金に苦しむ農家の債務返済を一時猶予すること、地方・農村の経済活性化のために一村当たり一〇〇万バーツ（約三〇〇万円）の基金を設置することなどである。

その結果、北部、東北部で圧勝し、「タイ愛国党」はタイの歴史上初めて一政党として過半数に近い議員数を獲得した。そして、その後もタクシン政権は、前述の公約を次々と実現させることで支持率をより高めた。タクシン政権は、先に示したように都市部の競争力強化策を図ると同時に、地方・農村に目配りした政策を実施しようとしたのである。タクシン自ら、この政策を「デュアル・トラック（二軸）政策」と呼んだ。

タクシン政権の政策は、「中進国の課題」を見事に射抜いた政策であった。

地方・農村に手厚い政策は「大衆迎合的政策（ポピュリスト的政策）」、「バラマキ政策」として批判されたが、政策の内容を詳細にみると、必ずしも「バラマキ」とはいえず、巧みに設計されていたことがわかる。健康保険の対象外にあった地方・農村住民向け医療サービスとして「三〇バーツ医療制度」と呼ばれる制度を導入したが、これは一人につき初診料三〇バーツ（約一〇〇円）の支払いを条件に、年間一五〇〇バーツ（約四五〇〇円）までの医療サービスを受けられる制度であった（現在は無償）。何の措置もなかった過去に比べれば大きな前進であったが、一五〇〇バーツでは治療範囲も限られ、何より公務員や民間企業の被用者が加入する医療保険とは格段の違いがある。

また、地方・農村への事業拡大の資金支援は補助金ではなく、ほとんどが貸し付けの形態でなされた。それまで金融機関へのアクセスが困難であった地方・農村住民にとっては、それでもありがたかったに違いない。ただし、このような貸出は地方・農村の事業拡大を意図したものであったが、耐久消費財の購入に充てられたケースも少なくなかったことは前にも述べた。

タクシン政権下で地方・農村住民の暮らしは大きく変化した。これを家計調査から確認しておきたい。次ページの表５－２は、タクシン政権時代の二〇〇二年と〇六年の地域別の月平均世帯可処分所得と消費支出、負債残高を比較したものである。

まず、バンコク首都圏の世帯可処分所得よりも地方・農村のそれが大きく伸びたことがわかる。この期間の年平均伸び率をみると、バンコク首都圏が四・〇％にとどまったのに対し

表5-2　地域別家計所得・支出・負債

（単位：バーツ、%）

	2002年	2006年	年平均伸び率
月平均可処分所得			
全国	13,736	17,787	6.7
バンコク首都圏	28,239	33,088	4.0
中部	14,128	19,279	8.1
北部	9,530	13,146	8.4
東北部	9,279	11,815	6.2
南部	12,487	18,668	10.6
月平均消費支出			
全国	10,889	14,311	7.1
バンコク首都圏	21,087	24,194	3.5
中部	11,227	15,373	8.2
北部	7,747	11,185	9.6
東北部	7,550	10,316	8.1
南部	10,701	15,260	9.3
平均負債残高			
全国	82,485	116,585	9.0
バンコク首都圏	157,730	155,212	▲0.4
中部	76,278	113,475	10.4
北部	57,535	114,201	18.7
東北部	66,034	101,882	11.5
南部	76,124	114,179	10.7
消費者物価指数	99.9	115.1	3.6

（出所）National Statistical Office, Thailand, *The 2007 Household Socio-Economic Survey* より作成

て、南部が一〇・六%、北部が八・四%、中部が八・一%、東北部が六・二%となった。

同様に消費支出をみると、バンコク首都圏が三・五%であったのに対し、北部が九・六%、南部が九・三%、中部が八・二%、東北部が八・一%と高く、いずれの地域もバンコク首都圏よりも二倍以上高い。タクシン政権の支持基盤である北部や東北部では、支出の伸びが所得の伸びを一%ポイント以上も上回っている。

さらに地方・農村の負債残高をみると、その年平均伸び率は、バンコク首都圏が〇・四%減とマイナスになったのに対し、北部が一八・七%、東北部が一一・五%、南部が一〇・七%、中部が一〇・四%と二桁を超えた。ここでも北部と東北部の負債残高の伸びが高く、こ

れが支出の増加を支えたことがわかる。

その結果として、北部や東北部の世帯は、所得に比べて多くの借金を抱え込むことになった。月所得に対する負債残高は、北部では二〇〇二年の六・〇倍から八・六倍へ、東北部では七・一倍から八・六倍に膨らんだ。

借金は抱えたものの、地方・農村住民は、タクシン政権を支持すれば、生活水準の改善が期待できることを実感したに違いない。こうして地方・農村住民の間に政治に向けた関心が生まれ、「物言うマジョリティ」へと変化したのである。

タクシン政権の政策の最大の成果は、地方・農村の政治的関心を高めたことにあった。

二〇〇五年の総選挙では「タイ愛国党」の獲得議席は、七五％に達した。その後も農村・地方住民は、選挙を通じて意思表示をするようになった。また、二〇〇七年の暫定政権が中心となって作成した憲法改正の国民選挙に対して、東北部では反対票が過半数を占めた。憲法改正は賛成五七％、反対四一％、無効二％で承認となったものの、地方・農村の住民の国政への影響力の拡大を示す好事例となった。しかし、二〇〇五年の総選挙で北部、東北部で圧勝し過半数を得た「タイ愛国党」、〇七年の総選挙で同じく圧勝した「国民の力党」も政権についていない。これに対して北部、東北部の住民の不満が高まったことは間違いない。

タクシンが軽視した「物言うマジョリティ」

このように都市においては競争力の強化、地方・農村においては生活水準の向上を目指した「デュアル・トラック政策」という「中進国の課題」に取り組んだタクシン政権が崩壊したのはなぜか。そして、それ以降も社会不安が続くのはなぜなのか。

この点について、本書では、なぜ今、首都バンコクでたびたび大規模な反政府デモが起こるのかに注目したい。

タイの政局は、タクシン政権を崩壊させた「黄シャツ」の運動、一〇〇〇人以上の死傷者を出した「赤シャツ」の運動のなかで揺れ動いてきたが、双方の運動を貫く「中進国の課題」とは何だろうか。そこからタイだけでなくアジア新興国が共通して抱える課題を考えたいのである。

タイで政局不安が続いているが、バンコク市内が黄シャツと赤シャツに二分化されているわけではない。大半のタイの人々は平和を願っており、都市部においても、農村部においても、これらの暴力的な反政府運動に反発する人は多い。それなのに、バンコクにおいて、黄シャツ、赤シャツの抗議行動がしばしば大規模化し、社会を混乱させている要因について考えるためには、バンコク内の所得格差に目を向ける必要がある。

図5-4は、バンコク首都圏の所得分布をみたものである。

最も所得水準の高い第5五分位（上位二〇%の世帯）の所得総計は全体の四七・九%を占める。他方、所得の低い第1五分位（下位二〇%の世帯）のそれは八・〇%にすぎず、その上に位置する第2五分位をあわせても一九・二%にすぎない。バンコク首都圏内のジニ係数は、二〇〇二年の〇・三九、〇七年に〇・三八とほとんど変化がない。

さらに、バンコク首都圏の格差を考えるには、保有資産の格差にも目を配る必要がある。同じ家計調査によれば、五〇万バーツ（約一五〇万円）以上の金融資産を保有する世帯は全体の八・四%であるのに対し、一万バーツ未満の世帯は、二八・二%に達する。富裕層と低所得層の格差は、実に五〇倍以上ある。

図5－4　バンコク首都圏の所得分布
（2007年）

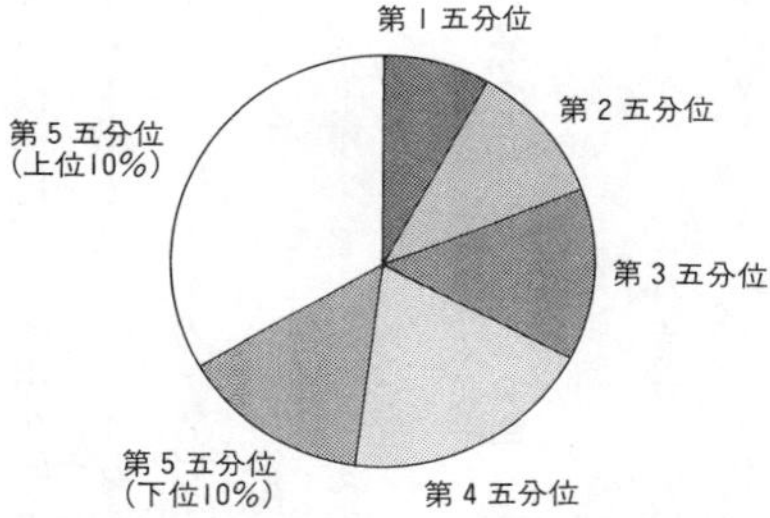

（出所）National Statistic Office, Thailand, *The 2007 Household Socio- Economic Survey*

この第1五分位に含まれる人たちは、貧困層を含むものの、その多くは耐久消費財の購入が可能な所得層、「下位中間所得層」に属する人たちである。ただし、第2五分位を含めて、彼らの生活は、物価の変動に苦しめられ、景気悪化の局面では、解雇の対象となりやすいという特徴を持つ。

加えて、タクシン政権下では、先に示したように、地方・農村に比べ、所得がほとんど伸びず、また借り入れもできなかった。このことが、低所得者の不満と将来への不安を強めたことは容易に想像できる。

タクシン政権は地方・農村の「物言うマジョリティ」の心は掌握したものの、都市に住む「物言うマジョリティ」を軽視してしまった。それがタクシン政権崩壊のひとつの要因になったし、アピシット政権に変わった後にも政治が安定化しない原因であると筆者は考える。

脆弱なメガ都市の社会基盤

さて、二〇〇五年以降、バンコクは四度の大規模な抗議集会やデモを経験した。

第一は、二〇〇五年暮れからのタクシン追放を目的とした集会・デモであり、それは〇六年の軍のクーデタによるタクシン政権崩壊に発展した。第二は、二〇〇八年の親タクシン派の政府に対する抗議集会・デモで、首相府、国際空港を占拠した。その過程でサマック政権、ソムチャーイ政権が崩壊した。この二つは黄シャツのPAD（民主市民連合）が中心となった。

第三は、二〇〇九年のアピシット政権に対する抗議集会・デモで、パタヤで開催予定であった東アジアサミットを中止に追い込んだ。第四は、二〇一〇年のバンコク市街地での集会・デモで、九〇人を超える死者や一九〇〇人にのぼる負傷者を出す大惨事をひき起こした。

この二つは赤シャツのUDD（反独裁民主同盟）が中心となった。

これらの集会・デモは、黄シャツのPAD、赤シャツのUDDという、まったく異なる主張が中心となるものであるが、いずれも集会・デモが大規模化する過程で「物言うマジョリティ」を巻き込んだ点で共通している。

それぞれについて、当時の社会情勢とともに簡単に振り返ってみたい。

まず、軍のクーデタによるタクシン政権の崩壊につながった最初の大規模抗議運動は、二〇〇五年十月からルンピニー公園で大手マスメディアのオーナー経営者ソンティ氏が始めたタクシン批判の集会から始まった。一時は八万人を超える盛り上がりをみせたものの、年末にかけて急速に縮小した。

しかし、それを再度拡大するきっかけとなったのは、タクシン一族が保有していた通信会社（シン・コーポレーション）の全株式をシンガポールの政府系投資ファンドに七三三億バーツ（二三〇〇億円）で売却したことであった。それに先立って通信関連の外資に対する規制を緩和したこと、株式譲渡の免税措置を導入したことが、所得格差、資産格差ともに著しいバンコク市民の不満を噴出させたのである。先にみたように、バンコクに住む約三割の世帯の金融資産は一万バーツ（約三万円）にも満たないのである。

二〇〇六年一月から三月まで一〇万人単位の集会が毎週開かれ、このなかで黄シャツのP

ADが誕生する。集会は、首相退陣を要求した。

タクシンは、混乱する社会を収拾するため、国会を解散、総選挙での決着に挑んだが、野党が選挙への参加をボイコットした。そして野党不参加のまま総選挙を実施したものの、司法の介入で総選挙そのものが無効とされ、政治の空白ができた。やり直し選挙を十月に控えた九月十九日、タクシンが国連総会参加のため外遊するのを見計らって軍はクーデタを敢行、タクシン政権は崩壊した。

その後、スラユット暫定政権のもとで憲法が改正され、これに基づいて二〇〇七年十二月に総選挙が実施された。これによって政治は安定に向かうかに見えたが、それは、さらなる政治混乱の始まりであった。

総選挙では、「タイ愛国党」の後を引き継いだ「国民の力党」が圧勝し、タクシン政権の政策を堅持した。これにPADは反発、八月にタクシン元首相が渡英したのを機に、首相府と国営テレビ局を占拠したのである。その過程でサマック政権が崩壊した。PADは、なおもそれを引き継いだソムチャーイ政権の所信表明演説を阻止するために国会を封鎖し、警察隊と衝突し、五〇〇名以上の死傷者を出した。これを契機に集会は大規模化し、十一月にはスワンナプーム国際空港を占拠するという行動に発展した。国際空港が黄シャツで埋め尽くされたことはテレビを通じて全世界に報じられたので、ご記憶の読者も多いと思う。この過程で、ソムチャーイ政権も崩壊した。

注意したいのは、この黄シャツの運動が大規模化した時期が、原油の国際価格が急上昇した時期と重なっていることである。原油価格は、二〇〇八年年初に一バレル（約一五九リットル）当たり一〇〇ドルを超え、七月には一四七ドルに達した。自動車社会であるタイ、とくにバンコク市民の生活は圧迫された。政府は消費財の価格管理の強化、低所得者向けの電気・ガス代の一部免除などの政策を実施したものの、七月の消費者物価上昇率は前年同月比九・二％となった。これは都市住民、なかでも低所得者の生活を直撃した。

これがタイに特有な事情ではないことは、同時期に、マレーシアでも大規模な反政府運動が起こっていることからもわかる。これ以降、アブドラ政権の求心力は急速に弱まり、ナジブ政権への移譲を余儀なくされた。メガ都市はインフレに弱いという側面を露呈したといえる。

二〇〇八年十二月、総選挙での選挙違反を理由に第一党である「国民の力党」に解党命令が下され、これを受けて行われた首相選出の談合で、最大野党である民主党党首のアピシット氏に白羽の矢が立った。そして、親タクシン政権から一転して、反タクシン派の民主党中心の連立政権が発足したのである。これによりＰＡＤは反政府運動を中止したものの、今度は、赤シャツで身を包んだ親タクシン派であるＵＤＤが中心となって、激しい反政府運動を

ホテルに流れ込んだ赤シャツ隊（三河正久氏撮影）

開始した。首相府前広場は、黄色から一転して赤色が埋め尽くした。
そのようななかで、二〇〇九年四月、ASEAN会議と東アジアサミットがパタヤで開催された。バンコクでのUDDのデモ隊の一部が、パタヤに舞台を移しデモを実施した。計画的か、ものはずみか定かではないが、デモ隊は、アジア諸国の首脳たちが宿泊するホテルに突入した（写真）。その結果、国際会議は延期を余儀なくされた。その光景もテレビを通じて全世界に知らされた。黄シャツ、赤シャツで揺れるタイに、治安が安定した国であるという印象はなくなった。
タイは十二月以降乾季に入り、北部や東北部の農村は農閑期に入る。そのため、農村からの出稼ぎ農民がバンコクに来る季節となる。しかし二〇〇九年初頭からリーマンショックによる世界不況により、企業は大型の雇用調整を行っている最中で、失業率は急速に上昇する一方であった。このことがUDDの集会の大規模化につながったと考えられる。そして赤シャツのなかには、北部や東北部の住民だけでなく、バンコク市民も多く参加しているとの見方があった。バンコク市民に赤シャツ支持者が少なくないことは二〇一〇年の集会・デモで明らかになる。

低所得層の連帯

東アジアサミットを中止に追い込んだ集会も、六月から雨季に入り、農繁期が訪れると活動は下火になった。反政府運動を再開したのは、乾季が訪れ、農閑期になった二〇一〇年二月からであった。UDDは、そのきっかけとして、二月のタクシンの資産凍結に対する判決日を選んだ。判決が資産の全額凍結ではなく一部にとどまったこと、二〇〇九年半ばから景気が上向き、雇用環境も改善に向かったこと、インフレも抑制されていたことなどから、集会は短期間で収束するとする見方が大半であった。それでも、三月十四日に首相府前に集まった人は一〇万人に達した。集会は、議会の解散を要求した後、十七日に、アピシット首相の自宅へと移動することを決めた。これまで集会はバンコクの北西に位置する首相府周辺に限定されていた。それがバンコクの東側に位置するアピシット首相の自宅へ向けて動き出したのである。当然、バンコク中心部を横切ることになる。

偶然、仕事でバンコクに短期滞在していた筆者は、このデモ行進に遭遇した。それは、バンコク中央に位置する高級ショッピングモール「サイアム・パラゴン」（第2章参照）を見学

バンコク中心街を横切る赤シャツのデモ隊（筆者撮影）

していた最中のことであった。にわかに表通りが騒がしくなり、スピーカーを通してけたたましい政府批判の声が聞こえてきた。デモ隊がバンコクの目抜き通りを横切っていたのである（写真）。

筆者は何かが起こると身震いした。赤シャツはバンコク市内では受け入れられないと思っていたからである。しかし、予想に反して、市民は反赤シャツの行動にはでなかった。さすがに騒音や渋滞に眉《まゆ》をひそめる人を多く見かけたものの、怒りをあらわにした人はほとんどいなかった。驚いたのは、そのデモ隊の行進に声援を送る人が少なくなかったことである。建設現場では作業の手を止め、どこから調達したのか赤いハンカチを振る人があり、駐車場の交通整理をしていた人たちもこぶしを掲げ、デモ隊にエールを送った。

これらの人たちは、北部や東北部からバンコクに移住し、出稼ぎに来ていた人たちのようであった。本書の第2章でみたように、バンコクは他の地域からの多くの人口を受け入れたメガ都市である。そして、バンコクの繁栄を底辺で支えているのは、これら移住者や出稼ぎの人たちである。赤シャツの反政府運動は、バンコクの移住者や出稼ぎ者と連帯し、その後のバンコク内での対立を長期化させることになった。

UDDの反政府デモが市街地中心部（ラーチャプラソン交差点）に集会場を移したため、政府は、四月七日、非常事態宣言を宣言し、軍による介入に乗り出した。市街地中央でのにらみ合いは一カ月を超えた。このような長期的な居座りを可能にしたのは、出稼ぎ労働者や移住者が炊き出しなどをしてデモ・集会を支援したからにほかならない。五月十九日の治安部隊による強制鎮圧で事態は収束したが、その過程で一〇〇〇人を超える負傷者を出す大惨事に発展してしまった。

タイの事例からの教訓は、アジア新興国のメガ都市・メガリージョンは成長の牽引役であるものの、それを支える社会基盤はそれほど強くないことである。他のアジア新興国のメガ都市・メガリージョン内の所得格差はバンコクと同様に大きい。そこに住む低所得者の暮らしも同様に、物価高騰に翻弄され、雇用に不安を抱えるものである。その多くが地方・農村からの移住者や出稼ぎ労働者であることも同様である。

中国の場合、廉思《リエンスー》『蟻族《ありぞく》――高学歴ワーキングプアたちの群れ』（二〇一〇年）が記したように、高学歴を有しながら低所得にとどまっている若者が滞留している。メガ都市に住む「蟻族」と名づけられた高学歴層の不満の高まりにも注意する必要があろう。
アジア新興国は、メガ都市・メガリージョン内に所得格差に不満を持つ「物言うマジョリティ」がいることを軽視してはならない。

通信手段の発展

そして、このようなデモや集会は、近年の通信手段の発展によって大規模化する特徴を有している。

タイでは一九九二年五月に、多数の市民が大規模な反政府運動（当時スチンダー政権）を展開した経験がある。末廣昭『タイ――開発と民主主義』（一九九三年）によれば、その担い手は、金曜日の夜から集会に参加し、日曜日には消えていく都市中間層であり、これら市民運動は携帯電話を持つ群集（モッブ・ムートゥ）と呼ばれた。

近年のタイのデモ・集会でも携帯電話が重要な役割を果たしていることは疑いない。タイにおける携帯電話の普及台数は人口六五〇〇万人に対し六二〇〇万台である。タイで最も読まれている日刊紙（デイリーニューズ）の発行部数が七〇万部程度であることを考えると、携帯電話は、単なる連絡手段だけでなく、テレビ、ラジオに並ぶ情報源となっていることは疑いない。また、通信手段の利用の面では、タクシン元首相が衛星放送を通じて国外からエールを送り続けたことも、デモ・集会の大規模化に影響を及ぼしたであろう。

そして二〇一〇年のUDDの反政府運動にはフェイスブックが重要な役割を演じたといわれている。フェイスブックとは、ツイッターと同様、SNS（ソーシャル・ネットワーキング・サービス）のひとつで、特定集団のコミュニケーションの場である。フェイスブックの反政府活動における役割は、二〇一一年のエジプトやチュニジア、リビアなど中東、北アフリカの政変で大きくクローズアップされた通りである。

タイにおけるフェイスブックの加入者は六〇〇万人を超えるが、まだその使用者の中心は富裕層である。中東のように、フェイスブックがUDDの集会を直接大規模化・過激化させたわけではないが、バンコクに住む富裕層が、フェイスブック上で、赤シャツの反政府活動に対して差別的な発言をし、批判したことを知った赤シャツ隊の行動がさらに大規模化し、そして放火という過激なものへと変質したという見方がある。

直接的にせよ、間接的にせよ、このような通信手段の発展が、新興国のデモ・集会を大規模化、過激化させる可能性がある。現在では、UDDの幹部がフェイスブックを通じて連帯強化を図っている。アジア新興国のメガ都市は、通信手段の発展により繁栄を享受したが、社会不安も同時に抱え込んでしまったといえる。

消費を、欲求を満たすための財やサービスの消耗《しょうもう》と捉えるのであれば、タイでは、これら集会に参加する人々の多くは、そこで不満を解消していたのかもしれず、それは消費の一形態と捉えることができるかもしれない。

そうだとすれば、二〇一〇年の暴動にまで発展した反政府運動は、あまりにも代償の大きい消費であったと捉えることができないだろうか。アジアのメガ都市やメガリージョンは、時として政治さえ消費してしまう怪物であることをバンコクの例は示しているのかもしれない。

3　メガリージョン時代の政治学

所得格差にどう向き合うか

タイの事例から明らかなように、アジア新興国が「中所得国のワナ」を回避するためには、国内の所得格差という「中進国の課題」への対処が不可欠である。それを忘れれば、タイのように政治社会を不安定化させる可能性を孕んでいることを忘れてはならない。

中国やASEAN諸国は、農村社会から都市社会への過渡期にあり、地方・農村の住民がまだ国民のマジョリティを占める社会である。したがって、政府には、メガ都市・メガリージョンの競争力強化策と同時に、地方・農村、そして都市部に住む低所得者に配慮した政策とを両立して進めることが求められるが、双方の要請を十二分に満たすような政策の遂行は、財政的に不可能である。

このことは先にみたタイ政府の三〇バーツ医療制度が端的に示している。国民のすべてに、毎月の積み立てを義務づけるような社会保障制度を適用するわけにはいかない。財政負担の持続性を考えるのであれば、地方・農村や都市部の低所得者への社会保障サービスの範囲もおのずと小さいものとし、別枠で対応するしかない。これはタイに特徴的なことではない。タイよりも所得水準の高いマレーシアでも、二〇〇九年十二月から医療保険制度の対象外にある国民向けに一リンギットの支払いから医療サービスに応じる「ワン・マレーシア・クリニック」を開設した。中国においても都市部のものとは大きく見劣りする、農村医療・年金制度を別途整備することしかできない。

制度の対象外にあった国民を制度の内に含めることは、新興国における社会保障制度の課題である。しかし新興国では、メガ都市・メガリージョンと同じ制度を地方・農村や都市部に住む低所得者に適用するにはあまりにも格差が大きすぎるのである。

現実的には、当面は格差のある制度の導入しか選択肢はないのだから、その対象者には統合の過程にあるということで合意を取り付けるしかない。その合意は、サービスの水準が高ければ取り付けられるというものではない。タクシン政権は、三〇バーツ医療制度の導入により、地方・農村からの一定の合意を取り付けることに成功した。しかし、その後の政権は、タクシン政権以上の地方・農村向け政策を相次いで実施しているにもかかわらず、地方・農村の合意を得るのに失敗し続けている。すでに、三〇バーツ医療制度は無償化され、その後の政権下では、一人当たりの医療サービスの上限が引き上げられ続けている。さらに、アピシット政権は、農家の債務を政府系の農業・協同組合銀行によって肩代わりさせることを決定し、タクシン政権が財政負担があまりに大きいと断念した「国民皆年金制度」の導入を決定した。それでも合意は得られたとはいえない。

福祉国家vs国家競争力

全国民を対象とした社会保障制度の構築には、地方・農村の住民や都市部の低所得者の合意だけでなく、その資金負担を担うメガ都市・メガリージョンの富裕層や企業からの合意も取り付けることが必要となる。

とくに、アジア新興国では、今後高齢化が急速に進展することが予想されており、前章で述べたようにベビーブーム世代が地方・農村部に残る可能性が高い。その老後を誰が養うのかはアジア新興国にとって共通の課題である。

これらの財源、とくに税による財源確保については、対象者は「広く」、納税額は「薄く」が望ましいが、所得格差が著しいアジア新興国においては、その担い手はメガ都市・メガリージョンの富裕層や企業がなるよりほかにない。

このことは、国民皆年金制度を導入した一九六〇年の日本と二〇〇九年のタイの地域所得格差を比較すれば明らかである。日本の一九六〇年の県民一人当たりGDPでは、第一位の東京都と最下位の鹿児島県の格差は三倍程度であったが、二〇〇九年のタイの県別GDPでは、第一位のラヨーン県と最下位のシーサケット県の格差は二七倍である（前掲図5－2）。

アジアのメガ都市・メガリージョンは、いまでは国とみなせるような規模を持っているが、所詮《しょせん》「国家」ではない。具体的にいえば、財源確保には、法人税や個人所得税、消費税などの税率の引き上げや、固定資産税や相続税の導入などの税制改革が必要となると考えられる。しかし、その合意を都市部の富裕層や企業から取り付けるのは容易ではないだろう。

それはアジア新興国の政治家や官僚が、メガ都市・メガリージョンに住む富裕層であることだけが、その理由ではない。メガ都市・メガリージョンから地方・農村への所得移転となる税制改革が、「中所得国のワナ」を回避する競争力強化策の税制改革とは、対立する関係にあるからである。

地方・農村の開発や社会保障制度の整備にはいま以上の財源が必要で「増税」がキーワードになるのに対して、メガ都市・メガリージョンの発展のためには「減税」がキーワードになる。たとえば、メガ都市・メガリージョンの競争力強化にとって、外国企業誘致の観点に立てば、法人税率は低いことが望ましい。また、質の高い人材を定着させるためには、個人所得税も低水準にあるほうが有利であろう。さらに、内需を促進する観点からは消費税の引き上げも難しい。ましてFTA時代には関税に財源を期待することはできない。

つまり、アジア新興国において、競争力強化などの成長戦略と、社会保障制度などの社会安定化策を両立するには、資金を誰が担い、どのように配分するのかについて、地方・農村住民と都市住民・企業との間で合意が形成されていなければならない。もちろん、その合意点は、各国によって異なり、税制のあり方、社会保障の中身は異なったものになろう。その意味では、アジア新興国は、メガ都市・メガリージョンと地方・農村の関係を通じて新しい国家像をデザインする局面を迎えているといえる。

その負担の一部は、メガ都市・メガリージョンに位置する外国企業にも課せられるかもしれない。中国政府は、二〇一〇年十月、国内で働く外国人の社会保険加入の義務化を盛り込んだ「社会保険法案」を可決し、同法案は一一年七月から施行される予定である。これは「海外の優秀な人材を確保する上で外国人向け社会保障が必要」であることが理由とされるが、他方で農村住民向け年金普及などの財源確保であるという見方がある。さらに二〇一〇年十二月から中国企業のみに課していた「都市維持建設税」と「教育費付加制度」を外国企業にも適用し、内外の税制が一本化されることになった。今後、企業側の福利厚生における会社の負担率も引き上げられるかもしれない。

経済成長VS社会安定

タイ政府は、政治混乱が続くなかで、絶えず「国民和解」を訴えてきた。その方向性は基本的に正しい。

二〇一〇年七月には、その論点を話し合う「国家改革委員会」の初会合を開催し、基本的人権の擁護、機会平等の確保、権力行使の制限、所得格差の是正などを中心に、国民の意見を統合していく方針が示された。その作業部会として設立された「改革会議」では、①土地改革、②税制改革、③地方分権、④教育改革、⑤司法改革、⑥所得配分、⑦行政への市民参加、⑧資源配分、⑨農民の生活向上など多様な問題が提示され、議論されることになった。

政治混乱の抜本的な原因が所得格差にあるのであれば、なおさら軍による戒厳令の継続などの抑制策に頼るべきではない。国民和解のプロセスが進めば、政局は安定に向かい、そのことが所得格差是正にもプラスに働く。国民の和解には時間がかかるかもしれないが、その道筋さえ示されれば、暴力に発展するような政治混乱を回避することはできるはずである。

中国においても同様の動きがみられる。

二〇〇四年に中国共産党は、各階層間で調和のとれた社会を目指すというスローガンとして「和諧社会」を提唱した。改革・開放政策のなかで所得格差の拡大への不満が高まったからである。これを契機に、所得再分配を促す政策が議論されることになった。他方、中国共産党は一九九〇年代以降、「小康社会」の実現を目標に据えてきた。これは鄧小平が示したもので、貧困撲滅と衣食住の確保という「ややゆとりある社会」の達成を指す。社会が一足飛びに豊かになることを求めるのは現実的ではなく、着実な発展を評価し、それを積み重ねていくべきことを訴えたものであるが、それは中国共産党が成長地域だけでなく、全国民につねに配慮していることを示した「社会安定化策」であるという見方がある。

二〇一二年秋から総書記の地位に就くと見込まれる習近平《しゅうきんぺい》の最大の課題は「社会の安定」であり、「格差是正に向けた富の分配」といわれる。二〇一〇年十月に公表された「第一二次五カ年計画」では、GDP伸び率の目標を七・五%から七・〇%に引き下げ、他方、都市部と農村の可処分所得の目標伸び率を五%から七%超へ引き上げた。さらに、「人と自然の調和のとれた発展」や「都市と農村、地域間、経済と社会のバランスのとれた発展」を重視する。

このように、タイや中国などの政府が、社会安定を重視したスローガンを提唱したことは単なる偶然ではない。それほど「中進国」の社会は不安定化しているのである。ただし、国家目標を、経済成長から社会の安定へとシフトしたわけでもない。メガ都市・メガリージョンの発展には、社会の安定が不可欠であるという現実に目を向けているのである。

中進国の課題への支援と協力

本章の前半では、二一世紀に入って、アジアの中所得国における政策の中心が「開発計画」から「競争力強化戦略」へシフトしていることを述べた。国際機関も、多くのアジア諸国が中所得国に達したことから、企業レベルと同様に競争力を強化しなければならないことを議論し始めている。世界銀行は、二〇〇三年に『革新的な東アジア——その成長の未来経済見通し（*Innovative East Asia: The Future of Growth*）』を出版し、同年、アジア開発銀行は『アジア経済見通し（*Asian Development Outlook*）』のなかで、「アジア途上国地域の競争力（Competitiveness in Developing Asia）」という特集を組んだ。いずれも技術革新を中核に据えた企業や国の競争力の強化をメインテーマとしたもので、「中所得国のワナ」の議論はその延長線上で生まれた。

アジア開発銀行は二〇〇八年に『都市クラスター開発（*City Cluster Development*）』を出版し、それまでの都市開発支援の政策のあり方を大きく転換した。従来の途上国の都市開発支援は、過剰都市化への対処が中心を占めていた。たとえば、低所得者向けの住宅の建設、上下水道の整備、電力供給や道路交通網の整備などのインフラ整備などが主な内容であった。今後は、これに加えて、経済のグローバル化に対応した競争力強化に応じた都市開発にも目を配ろうというのが「都市クラスター開発」の狙いである。

しかし本章の後半でみたように、アジア新興国のメガ都市・メガリージョンを支える社会基盤はまだ脆弱である。世界銀行の「経済成長は不均衡であっても、発展は包括的でありうる」というビジョンは、長期的には実現可能であるとしても、地方・農村住民にとっては、いつになったら豊かになれるのか、いつになったら都市部と同じ社会保障制度が適用されるのかが関心事である。政府は、理想論ではなく、現実の政策の実施としてそれに応え、それを持続的なものとするために、国民間の合意を引き出さなければならない。

このようなアジア新興国が抱える社会的課題の解決が、「中所得国のワナ」を回避するための前提条件になる。ただし、中所得国であるがゆえに、この社会的課題は、先進国が経験してきたものよりも制約要因が多いことは、これまでみてきた通りである。経済のグローバル化の影響を受けて格差が急速に拡大するなかで、高齢化が急速に進展していくという状況を想像してほしい。われわれのアジア新興国への視点も、経済成長や市場拡大という光の部分だけでなく、それを支える社会が現実に直面している影の部分にも向ける必要がある。

近年、日本のアジア新興国への援助・協力は、中所得国に移行したことを理由に、すみやかに終了させるべきだとの見方がある。しかし本稿でみてきたように、中所得国であるがゆえの社会不安を抱え、それが政治混乱へ発展する危険性を孕んでいるのであれば、援助はともかく、これまでと異なった支援・協力、そして政策対話を続けるべきであろう。

アジア地域の社会安定を担保するためにも、アジア新興国の将来に楽観的な見方をとるべきではない。日本の経済社会の発展のためには、今後ますますアジア諸国との関係を深めることが重要である。そのアジア諸国の持続的な成長は、それぞれの国における社会の安定を前提としていることを繰り返し強調しておきたい。

第6章　アジアの持続的市場拡大の条件——新しい日本の立ち位置

1　激しさを増す資源獲得競争

消費市場拡大の対価

消費市場の拡大は、経済を活性化させる一方で、より多くの資源やエネルギーを使用することになるため、そのあり方によっては深刻な環境問題を引き起こす。とくに、メガ都市・メガリージョンを含む新興国の経済発展は、世界経済の牽引役として期待されている一方で、その旺盛な消費が地球規模で資源・環境に新しい問題を投げかけていることを忘れてはならない。

実際に、二〇〇〇年以降、新興国経済が台頭するなかで、世界のエネルギー消費量は急増加した。

BP社が作成する『世界エネルギー統計二〇一〇（*Statistical Review of World Energy, 2010*）』によれば、世界のエネルギー消費量（原油換算）は、一九九〇年の八一億トンから二〇〇〇年に九三億トン、〇九年には一一二億トンへと増加した。内訳をみると、OECD加盟国が二〇〇〇年の五四億トンから〇九年に五二億トンと微減であったのに対して、非OECD加盟国が三九億トンから六〇億トンと急増した。

図6-1　アジアのエネルギー消費量の推移（原油換算）

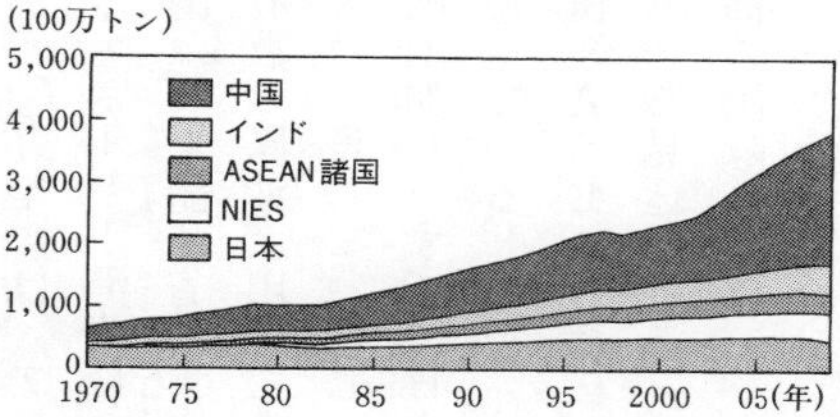

（出所）BP, *Statistical Review of World Energy*, 2010 より作成

地域別にはアジアでエネルギー消費量が急増した。日本を含めたアジアのエネルギー消費量は、一九九〇年の一六億トンから二〇〇〇年に二四億トン、〇九年には三七億トンと、約二〇年間で二倍以上に増加した（図6-1）。その結果、世界に占めるアジアの割合は、一九九〇年の二五・二%から二〇〇九年には三四・四%へ上昇した。

図6-1が示すように日本のエネルギー消費量はほぼ横ばいであるのに対して、その他のアジアは増加傾向と対照的な動きをしている。

なかでも中国の増加は著しい。中国のエネルギー消費量は、二〇〇〇年に、世界第一位のアメリカの半分程度にすぎなかったが、〇九年には、アメリカを上回り、世界最大のエネルギー消費国となった。アジアにおけるエネルギー消費量の半分以上を占める。

中国は、黒龍江《こくりゅうこう》省の大慶《たいけい》油田や新疆ウイグル自治区のタリム油田などの大規模油田を持つ世界有数の原油産出国でありながら、一九九三年に原油純輸入国に転じた。それ以降、原油の輸入は一貫して急増している。二〇〇〇年の九七〇〇万トンから〇九年には二億四〇〇万トンに増加し、すでに日本の一億七九〇〇万トンを上回っている。原油の輸入依存度は五五%を超えている。

中国やASEAN諸国、インドなどアジア新興国のエネルギー需要は、今後二〇年でさらに倍増する見込みであり、これが原油の国際需給に及ぼす影響は大きい。

原油の国際価格は、一九九〇年代は一バレル（約一五九リットル）当たり二〇ドル弱で推移していたが、二〇〇〇年代に入って上昇傾向をたどり、〇八年七月には一四七ドルを記録した。その後、世界金融危機の影響を受けて、一時三〇ドル台まで低下したが、一一年二月には再び九〇ドルを超えてきた。この原油価格の上昇は、投機資金の流入の影響も多分に受けているが、アジアを含めた新興国経済、より正確にはメガ都市やメガリージョンにおけるエネルギー需要の増加が強く寄与したことは疑いない。

柴田明夫・丸紅経済研究所編『資源を読む』（二〇〇九年）は、二〇〇〇年以降の原油価格は、新興国経済の台頭による新しい需給構造を反映したものと捉えるべきだと主張している。九〇年代までの原油をはじめとした資源の需給関係は、成熟した先進国の消費に影響を受けるだけで、価格変動は比較的小さかったのに対し、二〇〇〇年以降はまったく異なったトレンドを描いているからである。そして、この原油価格の上昇は、中国を含む新興国が成熟化するまで続くという。

レアアースとレアメタル

新興国の旺盛なエネルギー消費の大部分が、新興国のメガ都市・メガリージョンによるものであることは明らかである。そして、メガ都市・メガリージョンの旺盛な消費は、ハイテク製品の原材料となる鉱物資源の需給バランスにも影響を及ぼすようになってきた。日本にとって、このようなハイテク製品の原材料となる鉱物が確保できなければ、アジアの消費市場の確保も困難になる。

このことは、はからずも二〇一〇年九月に起きた尖閣《せんかく》諸島沖の中国漁船衝突事件によって、明らかになった。同事件により日中外交関係が悪化するなかで、中国政府がレアアースの輸出規制を発表したからである。

「レアアース（希土類元素）」とは、携帯電話、電気自動車用電池、液晶ディスプレー、超伝導体などのハイテク製品の製造に欠かすことのできない素材であり、ネオジム、セリウム、ランタンを含む一七元素の総称である(表6-1)。これに白金(プラチナ)やリチウム、チタンなどの三七元素を加えた五四元素を、一般的に「レアメタル」と呼ぶ。「レアメタル」は、地球上に多く存在しないか、存在量は少なくないがまとまって産出しにくい、また、単体として取り出すことが難しいなどの特徴を持つ鉱物資源である。さらに、これらの埋蔵量や生産国が地域的に偏在している点も重要である。そして、レアアースを含めてレアメタルは、「産業の生命線」とも呼ばれるように、その調達が困難になれば、ハイテク産業は生産停止を余儀なくされることになる。

　中国のレアアース輸出規制については、日中外交関係の悪化に原因を求めるだけでは不十分である。このことは、レアアースの輸出規制に踏み切る一年前の二〇〇九年八月に内モンゴル自治区包頭《ほうとう》市で開催された「第一回レアアース産業発展フォーラム」の内容をみれば明らかである。そこでは、レアアースの年間輸出量の増加を認めないこと、レアアースの輸出製品分類を細分化し、「奨励」、「可能」、「禁止」の三つに区分すること、輸出するレアアース製品について二〇%の輸出関税を賦課《ふか》することなどが、すでに話し合われていた。中国政府はレアアースの輸出規制について、乱開発による環境汚染を防ぎ、また管理の不備が密輸などを招いていることなどを理由にあげているが、「世界の工場」である中国においても、

表6-1　レアアースとその用途

スカンジウム（Sc）	夜光照明ランプ
イットリウム（Y）	白色発光ダイオード（LED）用蛍光体
ランタン（La）	ハイブリッド車用ニッケル水素電池。デジタルカメラなどの光学レンズ
セリウム（Ce）	ガラス研磨剤、UV（紫外線）カットガラス添加剤
プラセオジム（Pr）	光ファイバー、強力磁石、陶磁器の釉薬
ネオジム（Nd）	ハードディスク、MRIなどの磁石
プロメチウム（Pm）	夜光塗料。人工衛星用原子力電池
サマリウム（Sm）	永久磁石
ユウロピウム（Eu）	光ダイオードなど
カドリニウム（Gd）	原子炉制御棒
テルビウム（Tb）	ネオジム磁石の添加剤。光磁気ディスクの記録層
ジスプロシウム（Dy）	ネオジム磁石の添加剤
ホルミウム（Ho）	医療用レーザー治療器
エルビウム（Er）	光ファイバーやガラスの着色剤
ツリウム（Tu）	光ファイバー増幅器など
イッテルビウム（Yb）	レーザー、光レンズの着色剤
ルテチウム（Lu）	高価なためほとんど使われていないが、超伝導への利用が研究段階

（注）（　）は元素記号
（出所）各種資料より作成

ハイテク製品の原材料であるレアアースの確保が競争力を強化する上で不可欠との判断があったとしてもおかしくない。実際、中国自身が二〇一五年からレアアースの純輸入国になるという見方もある。

とはいえ、この中国のレアアースの輸出規制は「資源ナショナリズム」に似た動きである。資源ナショナリズムとは、資源産出国が、保有する資源について、自国の利益を優先し、その資源の開発の権利や生産量、輸出価格などを自ら管理しようとする動きのことをいう。その例として、かつての石油や銅、鉄鉱石をめぐって中東やアフリカでみられた開発や輸出への不当な介入がある。

中国政府のレアアース輸出規制が日本で大きく取り上げられた原因のひとつは、日本がレアアースの九〇％以上を中国からの輸入に依存していたことにある。もっとも、これは日本だけの問題ではない。いまや中国はレアアースの世界生産の九五％以上を占めており、世界が中国に依存していた。けれども埋蔵量からみれば、レアアースは中国だけに偏在するものではない。中国の埋蔵量は世界の四〇％にすぎず、そのほかロシア、アメリカ、オーストラリアでかなりの量が確認されている。それでも、中国が世界生産のほとんどを担っていたのは、その生産コストが安かったからである。

そうであるなら、中国の対応ばかりに目を奪われるべきではない。レアアースを含むレアメタルが「産業の生命線」であるのであれば、政府はその安定供給の確保の面から、不測の事態を含めて対処すべきである。実際、日本は一九八三年に「レアメタル備蓄制度」を設置し、ニッケル、クロム、タングステン、コバルト、モリブデン、マンガン、バナジウムの七種の備蓄を開始し、二〇〇九年にはこれにインジウムとガリウムを加え、国内基準消費量の六〇日分を備蓄している。現在、レアアースや他のレアメタルの備蓄についても検討されているのは望ましい方向である。むしろ、中国のレアアースの輸出規制は、貴重な資源調達先を少数国に依存することは危険であるとの教訓として捉えるべきである。

日本の資源外交

このような反省から、日本政府は、資源の安定供給を確保するために、資源国とトップ外交を活用した「資源外交」を重視するようになっている。資源小国である日本にとってこの「資源外交」の歴史は案外古い。たとえば、ほぼ一〇〇％輸入に依存する原油・天然ガスの安定供給を確保するため、中東資源国に対して、つねにトップ外交を行い、エネルギー分野だけでなく、経済発展のための技術協力、教育・医療などの社会インフラ整備、人的交流などを行い、良好な関係を維持してきた。その一方で、供給源を多様化するため、ロシア、カスピ海周辺、アフリカ、中南米などの国とも積極的外交を進めてきた経緯がある。

今後は、レアアースなどの鉱物資源も資源外交の対象に入る。これまでと大きく異なるのは、二〇〇〇年以降、世界の貿易自由化に乗り遅れないよう締結を急いできたＥＰＡ（経済連携協定）や投資協定がその外交ツールに加わったことである。

ＥＰＡとは、物品の輸入関税率の撤廃・引き下げだけでなく、サービス分野や投資に関わる規制の緩和、人的交流の促進、技術協力の推進などの多方面から経済関係強化を含めた協定である。二〇一一年一月時点で、日本は一〇ヵ国一地域との間でＥＰＡを発効しており、四ヵ国と交渉中である（表6－2）。

表6-2　日本のEPA（経済連携協定）締結国・地域

（2011年1月現在）

発効	発効日
シンガポール	2002年11月
メキシコ	2005年4月
マレーシア	2006年7月
チリ	2007年9月
タイ	2007年11月
ブルネイ	2008年7月
インドネシア	2008年7月
フィリピン	2008年12月
ASEAN	2008年12月
スイス	2009年9月
ベトナム	2009年10月
インド	交渉完了
ペルー	交渉完了
豪州	交渉中
GCC（湾岸協力会議）	交渉中
韓国	交渉中

（出所）経済産業省『わが国のEPAに向けた取り組みについて』

つまり、日本が、市場開放やさまざまな経済支援・協力を相手国に行う見返りとして、資源の共同開発を行い、資源の安定供給を担保することができるのである。たとえば、二〇一〇年十月、日本とインドは、首脳会談でEPAを締結することで合意し、それと同時に、レアアースやレアメタルを共同開発することで一致した。その後も、モンゴルとのEPA交渉の再開に際して、レアアースやレアメタル、ウランなどの鉱物資源の共同開発で協力することに合意した。二〇一一年二月に始まったオーストラリアとのEPA交渉も鉱物資源の共同開発が盛り込まれる見込みである。

また、EPA締結の対象外の国・地域については、「投資協定」の締結を通じて民間企業の資源開発・調達を支援する。投資協定は、外国企業の投資の保護や自由化を担保するもので、たとえば、資源開発企業の国有化などから民間企業の活動を保護することができる。

投資協定は、二〇一〇年十二月時点で一五カ国との間で発効しており、サウジアラビア、コロンビア、クウェート、カザフスタン、パプアニューギニア、アンゴラなどともすでに協議中であり、さらにアルジェリア、カタールとの投資協定交渉を開始した。

その一方で、民間企業の活動を資金面で支援する動きも本格化している。二〇〇七年四月から、石油天然ガス・金属鉱物資源機構（JOGMEC）は、出資・債務保証の上限を引き上げ、日本貿易保険（NEXI）も「資源・エネルギー総合保険」の提供を開始した。二〇一一年にはオーストラリアでのレアアースの開発調達で、JOGMECは民間企業に共同出資する方針を決めた。資源外交と、企業の資源開発との連携によって資源の安定供給を確保する動きを活発化させているのである。

すさまじい中国の資源外交

中国はさらに際立った資源外交を展開している。

中国政府は、第一〇次五カ年計画（二〇〇一～〇五年）のなかで、すでに国内で不足する資源を海外で外資と共同で開発することを明記していたし、二〇〇五年には資源確保を視野に入れた「発展途上国支援政策」を表明、すぐさま北京で「中国・アフリカ首脳会議」を開催した。援助の見返りとして、レアメタル、鉄鉱石、銅鉱、ニッケル、アルミなどの鉱物資源を確保することがその目的のひとつであることは明らかである。その後中国のアフリカ援助は急増した。

第一一次五カ年計画（二〇〇六～一〇年）では、海外での資源確保の方針がさらに強調され、これに従うように中国企業の海外石油企業の買収が加速した。この動きは、石油だけでなく、他の鉱物資源でも同様にみられる。たとえば、中国は自らがレアアースの生産国としての地位を確保する一方で、オーストラリアのレアアースの開発権確保へも乗り出した。そのほかの鉄鉱石や銅鉱の確保に向け、関連企業の買収・出資を加速させている。近年では、豊富な外貨準備高を用いて、海外の資源を押さえる動きもある。このように、二〇一〇年までの一〇年間に、中国企業が実施した海外でのエネルギー・資源買収金額は公表ベースで四兆円を超えたという。

第一二次五カ年計画（二〇一一～一五年）では「海洋権益の保護」を明記し、「海洋の開発、規制、総合管理能力の向上」を打ち出している。「海洋権益の保護」と明記していることから、尖閣諸島問題、東シナ海のガス田開発をめぐって、日本との海洋開発がさらに調整の困難な時代に突入することが懸念される。日本だけではない。南シナ海の南沙《なんさ》諸島（スプラトリー諸島）をめぐってはASEAN諸国との対立が顕在化する可能性がある。

アジアで拡大する消費市場を確保するためには、その製品生産のための原材料の安定供給が不可欠であり、「世界の工場」と呼ばれる中国がその資源の安定供給確保のために、資源外交や官民連携の資源開発を進めるのは、ある意味では必然の流れといえよう。

しかし、その資源確保が過当競争を生み出し、資源価格をいたずらに高騰《こうとう》させることは、かえってアジアの消費を抑制し、ひいては持続的成長を困難にすることになろう。物価高騰がメガ都市・メガリージョンの社会不安につながる可能性があることは、前章でタイの例でみた通りである。また、資源獲得をめぐって各国が対立することは、アジアだけでなく世界全体の持続的な成長にとってマイナスの影響を及ぼすのは明らかである。

資源の安定供給は、各国政府と企業の努力によって進められるべきものであるが、各国間の協調も同時に進められるべき問題である。このような国際的な協調の必要性は、次に述べる資源の使用から生じる環境問題も同様である。

2　アジア版成長の限界を超えて

アジアでの地球温暖化問題

近年、二酸化炭素など熱を吸収する「温室効果ガス」の空気中濃度が上昇し、それが地球の気温を上昇させているとする「地球温暖化問題」が注目を集めているが、世界中がエネル

図6-2　アジアの二酸化炭素排出量の推移

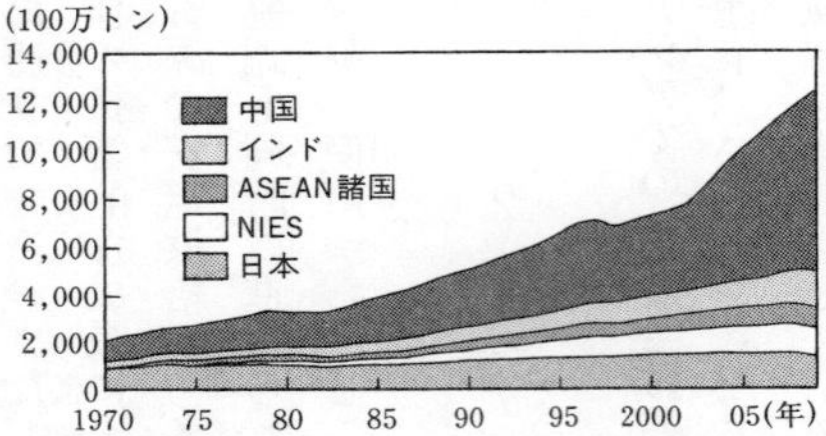

（出所）BP, *Statistical Review of World Energy*, 2010 より作成

ギー消費を今後も化石燃料に依存するのであれば、二酸化炭素排出量の急増は避けられない。

世界の二酸化炭素排出量は、一九九〇年の二二七億トンから二〇〇〇年には約一〇%増の二五三億トン、二〇〇九年には二〇〇〇年の二三%増の三一一億トンとなり、増加傾向が加速している。その増加分のほとんどが新興国経済の発展に起因することは、前述したようにエネルギー消費量の場合と同様である。

日本を含むアジアにおける二酸化炭素排出量は、一九七〇年の二一億トンから九〇年に五一億トンに増加し、二〇〇九年にはさらに二・四倍の一二四億トンに急増した（図6-2）。その結果、世界に占めるアジアの割合は一四・一%から二二・四%、三九・八%へ上昇した。

中国の二酸化炭素排出量は、二〇〇七年にアメリカを抜いて世界第一位になったが、三〇年には世界の約三割に達する見込みである。この規模は、北米、EU（ヨーロッパ連合）、日本を合算したものより大きい。地球温暖化に対する中国の影響の度合いはますます大きくなる。

「温室効果ガス」の排出量の急増に歯止めをかけるためには、国際的な取り組みが不可欠である。そのなかで地球温暖化防止条約（機構変動枠組み条約）の目的を達成するために、一九九七年に京都で開催された気候変動枠組み条約会議で、先進国に二酸化炭素を含めて温室効果ガスを二〇〇八〜一二年の間に、一九九〇年比で一定数値（日本が六％、アメリカが七％、EUが八％）を削減することを義務づける、いわゆる『京都議定書』が採択されたことは画期的であった。

ただし、アメリカが離脱したこと、成長著しい新興国がこれに加わっていないことから、外務省の推計では、京都議定書による規制は、世界全体の排出量の二七％しかカバーしておらず、現在ではその実効性は限定的なものといわざるをえない。地球温暖化を防止する国際的な取り組みを実効性のあるものとするためには、アメリカはいうまでもなく、いまや世界最大の排出国となった中国を含め新興国がこれに参加することが不可欠である。現在の京都議定書の規定は二〇一二年に終了するが、続く規定にアメリカや中国を含む新興国をどのようなかたちで取り込むかが注目される。

もちろん、中国を含めて新興国一人当たりの二酸化炭素排出量は少ない。アメリカの一人当たり年間二酸化炭素排出量は一九・三トン、日本は九・六トンであるのに対し、中国は五・七トン、ASEAN諸国は二・六トン、インドは一・三トンと少ない。二酸化炭素の排出量規制に取り組むべきは、まず先進国であり、新興国への厳しい排出規制は、成長そのものを抑制することになるという新興国の主張はある意味で正しい。

ただし、国という視点を離れて、二酸化炭素の排出量を考えるならば、中国やASEAN諸国、インドでも、所得水準やライフスタイルが先進国のレベルにあるメガ都市・メガリージョンでは、その排出削減に先進国並みの義務を負うべきであろう。経済活動だけでなく、国際的な義務という点も、メガ都市・メガリージョンは途上国とみなすべきではない。二〇一〇年末、中国では、二酸化炭素の排出規制の水準をクリアするため、地方・農村のガソリンや給油規制に乗りだした。しかし、排出量の規制について先進国の義務を強化すべきという中国政府の主張に基づけば、給油規制の対象は、メガ都市・メガリージョンであり、地方・農村ではなかったはずである。

「成長の限界」を超えて

現代社会において、持続的成長は消費の持続的拡大と同義である。したがって、持続的な成長や消費の拡大を維持するためには、資源の枯渇や環境の悪化への連鎖を断ち切ることが必要となる。その連鎖が断ち切れないならば、成長や消費の拡大が見込めないだけでなく、抑制されることになるかもしれない。

このような見方の代表的なものとして、一九七二年にローマクラブの委託を受けたドネラ・H・メドウズ『成長の限界』（一九七二年）がある。

これは、「システム・ダイナミックス」と呼ばれるコンピューター・シミュレーションを用いて、経済発展にともなって人口、資源、環境がどう変化するかを示したものである。資源や環境への負担に配慮しない発展に固執すれば、地球はやがて深刻な環境汚染、食糧不足に直面し、人口は減少せざるをえないことを示した。現在でも多くの人に読まれている。

その後、同書の作成に携わったメドウズが中心となって、『限界を超えて――生きるための選択』（一九九二年）、『成長の限界――人類の選択』（二〇〇五年）と続編を出しているが、その主張は変わっていない。

彼らは、人間が生活するための環境や生態系への負担、「エコロジカル・フットプリント」は、現時点ですでに地球の扶養《ふよう》能力を超えていると主張する。つまり六九億人の人口はすでに多すぎるというのである。

それでも地球が持ちこたえているのは、同書によれば、まだ多くの人が先進国の生活とは大きくかけ離れた低所得での生活に甘んじているからだという。そして途上国の人々の生活が先進国化する過程で、世界の消費は地球の扶養能力を超えるという見通しを持っているのである。それが事実であるなら、新興国経済の成長により、世界の消費は地球の扶養能力を超えることになる。

地球の扶養能力がどのくらいのものかについては、詳細な議論の余地があるとしても、近年私たちが直面している世界、新興国経済が躍進するなかで、資源や環境への負担が高まっていることは明らかである。

そうだとすれば、アジア域内の持続的な発展のために、アジア版「成長の限界」について議論し、課題克服の手立てを話し合わなければならない時期を迎えている。

そこでの議論は、国レベルでの調整に向けた交渉だけでなく、省エネ、省資源、リサイクルなどの技術開発をどう進めていくかが話し合われるべきであろう。

振り返れば、アジアには、技術進歩という人類の英知により、さまざまな「成長の限界」を突破してきた経験がある。

たとえば、フィリピンに本部を持つ国際稲研究所（IRRI）が、一九六〇年代に高収量の品種を開発し、この高収量米が、その後のアジアにおけるコメ生産量の増加に寄与し、同地域の貧困問題の緩和につながった、いわゆる「緑の革命」である。

日本では、一九六〇年代に工業化による環境汚染により水俣病やイタイイタイ病などの人体への影響が深刻化したが、その後の技術開発と企業努力によって多くの問題を克服してきた。一九七〇年以降の原油価格の上昇は、原油を一〇〇%海外に依存する日本の経済成長の致命傷になるかと思われたが、これを契機に省エネルギーへの取り組みが本格化し、それはその後の産業競争力の向上となって、むしろ成長を促進する原動力となった。これらの技術は、直接投資を通じてアジアの生産拠点で生かされている。

技術には、成長や消費の持続的拡大と資源枯渇・環境問題の連鎖を断ち切る力がある。

求められるビジネスへの転換能力

資源の枯渇、環境の悪化が成長を抑制する「成長の限界」への危機感と、そしてそれを乗り越えるための技術開発の必要性を最も感じているのは、中国政府かもしれない。

第一二次五カ年計画では、省エネを含めて低炭素社会の実現に本格的に取り組む動きをみせている。この背景には、中国政府が低炭素社会を築き、世界的なプレゼンスを高めたいとの意図があるという見方もあるが、それより現状を野放しにしておけば、自国の繁栄そのものが制限されることへの危機感が強い。一三億人の生活水準を引き上げるのに必要なエネルギー・資源の消費は、いまのままではあまりに大きすぎるのである。

技術開発の面で日本の優位性は高く、中国の持続的経済発展に寄与できる分野は多い。これは中国に限らず、アジア新興国全体にいえることで、その意味で日本は、アジア版「成長の限界」を乗り越えていくための、新しいビジネスを開拓する能力がある。

図6-3　GDP1単位当たりの1次エネルギー供給量の比較（日本を1とした場合）

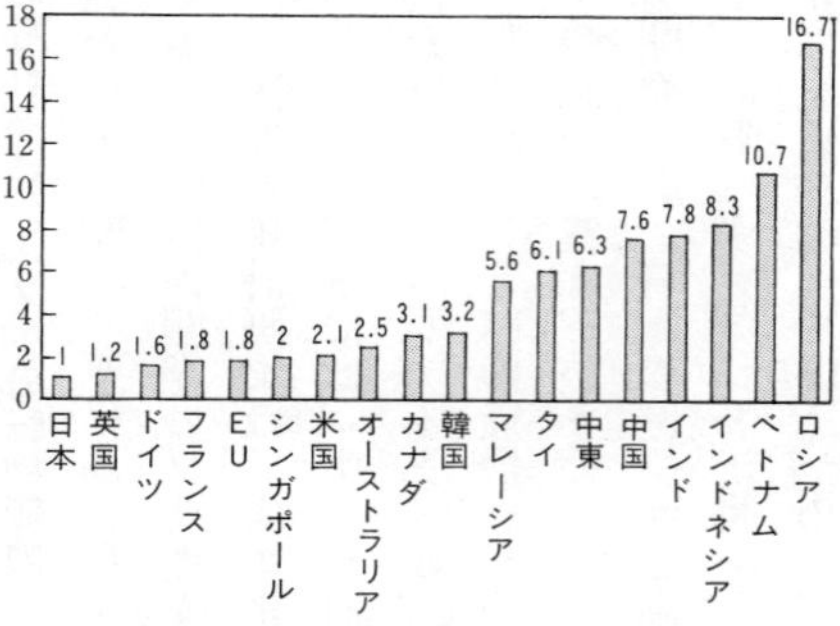

（出所）経済産業省『通商白書2010』

『通商白書二〇〇九』も、これら地球規模での課題克服は、各国が一致して対応しなければ容易に実現できず、各国間の協力は不可欠であるとした上で、日本のように高い技術力を有する国は、とくに積極的な対応が期待されると指摘した。

ひとつの例が、世界最高水準にある省エネ技術である。図6-3が示すように、GDP一単位当たりで必要なエネルギー消費量は、世界で最も少ない。その水準はアメリカの半分であり、中国の七分の一でしかない。アジアの国々のエネルギー効率が低いことを考えると、日本の果たす役割は大きい。

『通商白書二〇一〇』は、具体的に太陽電池、蓄電池、LED、パワー半導体などの分野、省エネ技術、高効率石炭火力発電、二酸化炭素回収・貯留などの技術でわが国は優位であると指摘している。

エネルギー問題については、アジアの原子力発電への取り組みで日本の果たす役割が大きい。中国、ASEAN諸国、インドのいずれも、非化石燃料エネルギーである原子力発電への移行を計画しており、経済産業省の試算では、二〇二五年までに予想される原子力発電需要は、中国が六四兆円、ＡＳＥＡＮ諸国が九兆円、インドが一七兆円になると見積もられている。日本のそれが八兆円であることを考えると、いかにアジアの原子力発電市場が大きいかがわかる。原子力発電は、低炭素の要求に応えるものである一方で、安全性に十分な配慮と、それ相応の高技術が必要な発電である。

二〇一一年に起きた東日本大震災とそれにともなう原発問題は、アジアのエネルギー政策を変えるかもしれない。しかし、前述のように、消費拡大にともなうエネルギー資源・環境に及ぼす負担の増加を考えれば、代替エネルギーが開発されるまで、原子力発電に頼らざるを得ない現実がある。地震が多いのはＡＳＥＡＮ諸国に共通する。日本にもまだ課題が多いことが判明したが、今回の経験を踏まえたさらなる技術開発を期待したい。

既存の技術だけではなく、将来の課題を見つけてさらに開発に取り組むべきであろう。中国ではエコカー、とくに電気自動車の開発に取り組み、他方「エコシティ」などの大規模プロジェクトも推進する計画である。これらは、わが国も開発途上にある技術である。

3　アジアの未来市場としての日本

課題先進国としての日本

このように、日本は技術水準だけでなく、それが実際にビジネスとなる市場を持っていることでアジアのなかでも抜きん出ている。省エネ、省資源、リサイクルなどのビジネスへの転換は、アジアでは近未来市場であるが、日本では現在の市場である。

たとえば小宮山宏『「課題先進国」日本――キャッチアップからフロントランナーへ』（二〇〇七年）は、日本が直面する環境、資源、エネルギー、医療、教育などの課題は、わが国に特有なものではなく、いずれの国も今後直面することになる課題であることを指摘した。つまり世界的な課題を日本は先取りしているというのである。その一方で、日本は、これらの課題を解決することができる技術・能力を有しており、その課題を克服することで、世界のフロントランナーであり続けることができると主張した。

これらの課題の解決に寄与する製品やサービスは、アジア新興国のメガ都市やメガリージョンでの市場開拓につながる。なぜなら、上海、北京、バンコク、クアラルンプールは、国に先んじて先進国と同様の問題を抱え始めているからである。

小宮山氏は、エネルギーの効率を現行の三倍に、非化石エネルギーの使用を二倍に引き上げ、他方、リサイクルシステムを構築する「プラチナ構想ネットワーク」を提唱しているが、これこそアジアのメガ都市・メガリージョンが求めるものと一致する。

また、日本が資源小国であることが、リサイクルや代替品の開発などの推進力になっていることにも注目すべきであろう。ハイテク製品はレアメタルを多く含み、日本にあるその廃棄物の多さは「都市鉱山」と呼ばれている。廃棄物は見方を変えれば、資源の山なのである。そこから白金やインジウムを回収する技術開発が進んでいる。まだコストが高いので実用化が難しいが、ネオジム磁石からネオジムやジスプロシウムが抽出できる技術も開発中である。また、レアメタルの代替技術開発も注目される。たとえば、白金を炭素で代替する技術開発や、ネオジム磁石をフェライト磁石で置き換える実験が進んでいる。

課題克服をビジネスに変えられる可能性があるのは、エネルギーや資源の分野にとどまらない。高齢社会、教育、労働、子育てなどの課題も、アジアのメガ都市・メガリージョンに住む人に共通の課題であり、小宮山氏は、エネルギー効率の高い社会資本整備に加え、高齢者が生き生きと参加できるような社会ソフト基盤の整備された街を「プラチナシティ」と呼んでいる。

たしかにアジア地域の持続的な発展のためには、メガ都市・メガリージョンを「プラチナシティ」に生まれ変わらせることが必要である。狭い都市空間をいかに機能的に、そしてクリエイティブに使うかといったことには、今後ますます注目が集まり、その技術・ノウハウは共有されていくに違いない。環境にフレンドリーな街づくりだけでなく、高齢者にフレンドリーな街づくり、子育てのしやすい街づくりは、アジアのメガ都市・メガリージョンに住む人に共通した願いである。

アジアでも高齢化が進むことを考えると、介護・医療分野に関わる製品やサービス需要は今後高まるであろう。実際にアジアへの医薬品の輸出は近年増加傾向にあるし、介護用ベッドなどの需要は拡大している。介護サービスの進展は、アジアのロボット開発の新しい時代の幕開きになるかもしれない。多様なニーズに対応する車椅子、装着して体の動きを補助する「パワースーツ」などは、さほど遠くない将来に実現する市場ではないだろうか。さらに、ES細胞（胚幹細胞）やiPS細胞（人工多能性幹細胞）を用いた医療などが、新しい市場を開拓するかもしれない。

こう考えれば、課題先進国日本の市場は、さまざまな可能性にあふれる市場といえないだろうか。すぐにビジネスとならないまでも、それに果敢に挑戦する過程で、経験やノウハウが培《つちか》われるはずである。このような機会は見逃すべきではない。

近年、日本の市場は、少子高齢化と人口減少から市場の大幅な拡大が見込めないことが、繰り返し述べられてきたが、日本人の生活の質の変化に応じた製品・サービスを提供することで活性化させることができる。そして、それがアジアの市場を先取りしていることを軽視してはならない。

課題先進国日本の市場は、アジアのメガ都市・メガリージョンのアンテナショップと捉えるべきなのだ。

課題克服のために求められるもの

このような課題克服の取り組みは、小宮山氏が指摘する企業や研究者・技術者という供給側だけでなく、その消費者である私たち一人ひとりの生活への意識改革によるところが大きい。このことを、産業クラスターの形成要因から考察してみたい。

産業クラスターの競争力を支える要因分析としては、ハーバード大学ビジネススクールのマイケル・ポーター教授が提示した「ダイヤモンド理論」が有名である。ポーター教授は、世界各国の産業競争力を研究した結果、産業クラスターの優位性は、以下の四つの要因によって支えられていると指摘した（図6－4）。

第一が、その製品やサービスを作り出す原材料、資本、労働力などの「要素条件」である。たしかに、日本は資源に乏しく、労働力人口も減少しているが、多くの金融資産を保有する先進国であり、これまでの成長の過程で培われた経験、知識、知恵は人的資本のなかに埋め込まれている。日本に課題を克服するための「要素条件」は十分にある。

第二が、洗練された消費者が要求する「需要要件」である。とくに顧客の要求水準が高い場合、提供する製品やサービスの質はおのずと高まることになる。少資源、労働力人口減などの課題が、かえって要求水準の高い「需要要件」を作り出すのである。ポーターは、ある産業がグローバルで競争力を持つためには、他の場所でのニーズを先取りしている必要があると指摘しているが、「課題先進国」の優位性は、まさにここにある。そして、なによりも日本には、資源問題、環境問題に関心が高く、少々高価なものでもビジネスになる富裕市場がある。

図6-4　マイケル・ポーターの競争優位のダイヤモンド・モデル

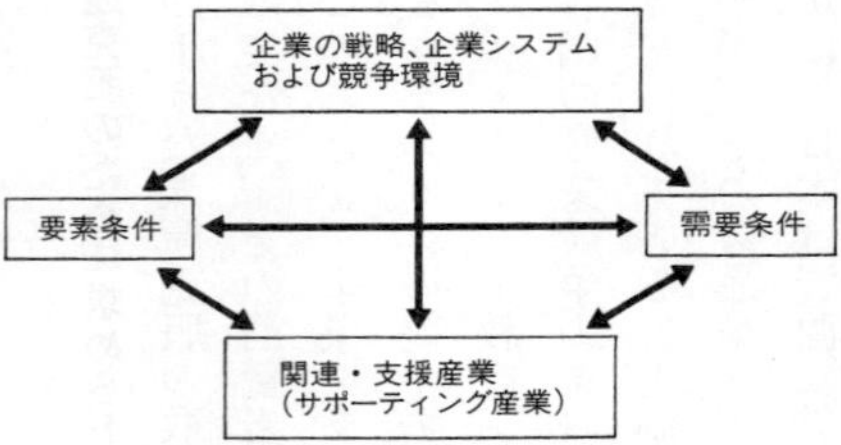

（出所）M・ポーター『国の競争優位』

第三が、「企業戦略、企業システムおよび競争環境」である。競争が激しいほど、より高い競争力のある製品、サービスが生み出される。日本は課題解決のために、さまざまな規制緩和を図るべきであろう。

第四が、主要産業を支える企業（サポーティング・インダストリー）の存在である。右に述べた規制緩和は、産業構造の転換につながり、新しい雇用を生み出すきっかけになるに違いないし、政府には、課題先進国としての産業構造のシフトを後押しする政策が求められる。「エコポイント」などはそのひとつであった。

この四つの要因のなかで最も重視したいのが、二番目にあげた需要要件である。というのも、そのほかの三つの要因がそろっていても、市場がそれを欲しなければ産業は成長しないからである。反対に市場が十分に大きく、その市場が厳しい水準を要求する場合には、政府が特別な施策を実施しなくても、国際的な競争力を持った産業が育つ可能性がある。たとえば、アニメ・漫画を含めたサブカルチャーがそれである。いまや日本のアニメ・漫画市場は四〇〇〇億円規模を有し、顧客の要求水準が高いことが、その質を高め、自然に国際的に通用する競争力をもたらした。そして、日本には、その対価を十分に支払う市場があった。いまや日本のアニメ・漫画はアジアのメガ都市・メガリージョンで、抜群の影響力を持っている。

つまり、市場を構成する消費者の意識改革が、その市場の規模と質を通じて産業の競争力を高める点に注目すべきであろう。省エネ、省資源製品についても、日本の市場は、現時点で、中国よりも大きく、また一人当たりの支出額は相当に多いはずである。また、それを製品化・サービス化する技術力もあるし、それを細部で支える中小企業も多く活動している。

この利点を見逃すべきではない。

ただし、環境への配慮や省資源への私たちの関心が高まらなければ、市場は広がりを持たず、産業の発展も、技術の開発も、進まないかもしれない。その間に、環境問題に危機感を強めている中国の電気自動車の技術が日本を凌駕《りょうが》するかもしれない。つまり、課題先進国日本の成長の鍵は、消費者一人ひとりの意識改革にあるといえる。

新しいソフトパワーの発信源に

成熟した社会は、新しい製品・サービスの需要だけでなく、新しいライフスタイルを形成するかもしれない。これまでの経済成長は、より多くの物を消費することと同義であったが、その成長の質が変化することも考えられる。とくに、団塊の世代が退職し、地域に戻る過程で、地域社会は大きく変化する可能性がある。新しく形成されたコミュニティは、成長のなかでコミュニティが崩壊に向かうアジアからは注目を惹《ひ》くことになろう。ただしそのようなライフスタイルを含むソフトパワーの発信源となるためには、一人ひとりの「創造力」が必要なのはいうまでもない。

松原隆一郎『日本経済論』(二〇一一年)は、日本の施策の失敗の多くは、創造力を欠いた政策にあることを指摘している。たとえば「子ども手当て」は、その手当を一律に支給するという問題に加え、その手当てが、子供のために実際どのように使われるのかが見えてこないことに問題がある。「子ども手当て」が得られても保育所がなければ、実際に女性は働きにでられないのである。

高齢社会対策についても同様である。年金や医療制度の話だけでは、豊かな高齢社会はどのようなものかがイメージできない。高齢者が実際に住む地域の住みやすさ、社会的つながりの強化、そのような社会資本の充実にも十分配慮する必要がある。これは政府の創造力だけでなく、その住民の意識改革によるところが大きい。

つまり、課題先進国としてのメリットを十分に享受するためには、「創造力」と「意識改革」が不可欠である。

高齢者が住みよい地域は、子供を育てやすい環境を持っているに違いない。それを真剣に追い求めていく国民の一人ひとりの活動が、新しい市場と社会を生み出すのである。まもなく団塊世代が退職を迎え、地域社会へ戻っていく。高齢社会のなかの年金や医療の受け手ではなく、知恵、知識、経験、技術を地域社会に活かすことで豊かな高齢社会の担い手となることが期待される。

拙著『老いてゆくアジア』（二〇〇七年）で指摘したように、高齢化が今後急速に進んでいくアジアでは、日本よりも所得水準が低い段階で高齢社会に突入する国が多い。これらの国では、国民全体に、生活を送るのに十分な社会保障制度を整備することは困難である。アジア全体で求められているのは、高齢社会をいかに豊かに過ごすかのノウハウであり、そのソフトパワーの発信である。日本は課題先進国として、技術的な課題克服だけでなく、ライフスタイルの変化という面でも、アジアから注目されていることを忘れてはならない。

課題克服は、アジアのなかの日本の新しい立ち位置を与えるに違いない。アジアの市場開拓とアジアの持続的発展の鍵は、実は私たち一人ひとりの意識改革にかかっていることを強調して本書を終えたい。

あとがき

本書では、「国」の枠組みから離れて、アジア経済を考えた。

「国」の枠組みを離れるという着想は、四年前に中公新書として上梓《じょうし》した『老いてゆくアジア』にたくさんのご意見をいただいたことから生まれた。

同書では、少子高齢化はもはや日本に特有の問題ではなく、アジア全体が抱える共通課題であることを指摘した。幸運なことに、多くの人に読まれ、またこのテーマで講演する機会にも多数恵まれた。さらに幸運なことに、多くの方から貴重なご意見を頂戴することができた。そのなかに「アジアの将来は大変ですね」とのご意見がたくさんあったのだ。

有難いながらも、私には少し温度差を感じるものでもあった。同書でアジア域内の高齢化はすでに進行形であり、現段階から対策に取り組みはじめるべきだと主張したつもりであったからだ。筆力のなさを実感した。

私たちが訪れるアジア、すなわち北京や上海、バンコク、クアラルンプールなどの「メガ都市」の景観は若々しい。その躍動感のなかに身を置いてそれらの国の高齢化を考えることは困難なのだから仕方がないと、慰めもした。

しかし、時間とともに、そもそもこれまでと違う見方を読者に提示すべきなのではないかと思うようになったのだ。国レベルで高齢化が進むなかで、「メガ都市」が若々しくあり続けることが、その国の経済社会にどのような影響を及ぼすのか——。アジアの都市の統計、資料を集め、分析を進めるうちに、私たちが熱っぽく語るアジア新興国とは、国ではなく、正確にはアジア新興「都市」のことではないかと考えるようになった。

そうだとすれば、「メガ都市」の延長線上にアジア新興「国」の明るい未来を描くのは危険であろう。国レベルの指標からかけ離れて高所得にある「メガ都市」の出現がアジアの現実なら、他方で、低所得に悩まされる地方・農村の姿も、アジアの現実であるからだ。本書では、「メガ都市」を中心としながらも、アジア全域を覆うダイナミズムを描きたいと思った。

もちろんアジアは多様な地域である。本書では、「メガ都市」に、「消費」というキーワードを加えることで、アジア新興国に共通なダイナミズムをなるべく平易に示そうとした。それができたかどうか、評価は読者にゆだねるほかない。

書き直しを重ねるうちに、本書は予想外に、少し野心的なアジア経済論になっていった。しかし、経済のグローバル化がこれほど加速度的に進む現在では、アジアの発展のメカニズムも、これまでのものと比べて大きく変わっているに違いない。私たちは、新しいアジア経済論を構築する時期を迎えているのではないか。本書への異論、反論はあるに違いないが、そこから、活発なアジア論が展開されるきっかけになれば幸いである。

本書は、予想に反して、構想から脱稿まで二年以上の時間がかかってしまった。その過程で、たくさんの先生、先輩、同僚、後輩から貴重な意見、批判を頂戴した。この場を借りて、御礼申し上げたい。

なかでも東京大学社会科学研究所所長末廣昭先生は、幾度も議論の場を設けてくださった。また、草稿にも貴重な意見をいただいた。東洋経済新報社の西村豪太氏からは中国の見方について多くの知見をいただいた。また、所属先の上司である佐々木郷里氏には、本書の基礎となった多くの報告書・論文に貴重なコメントをいただいた。宮島良明さん、三河正久さんは写真提供に快く応じてくださった。皆様にあらためて感謝を申し上げたい。有難うございました。

昨年（二〇一〇年）は、データや資料の整理に手間取ったため、家族と過ごす時間が少なくなってしまった。家族には申し訳のないことをしたと思う。唯一の楽しみは、日曜日にNHK大河ドラマ「龍馬伝」を家族そろって観ることだった。そこで福山雅治演じる坂本龍馬が幾度となく語る「みんなぁが笑ろうて暮らせる日本」のように、本書が「みんなが笑って暮らせるアジア」を考えるきっかけになればと念じつつ、終盤は何度も書き直した。

今回も『老いてゆくアジア』と同様、中公新書編集部の吉田大作さんに大変お世話になった。テーマが前回と同様に大きかったため、最初から苦戦した。本書がどこに落ち着くのかご心配かけたに違いない。それでも笑いながら、暖かく見守っていただいた。有難うございました。

二〇一一年四月

大泉啓一郎

参考文献

第1章

IMF, *World Economic Outlook*, October 2010（「世界経済見通し」）
国際協力銀行（JBIC）『わが国製造業企業の海外事業展開に関する調査報告』（各年度版）
経済産業省『海外現地法人四半期調査』二〇〇六年
国立社会保障・人口問題研究所『日本の将来人口推計（平成一八年一二月推計）』
経済産業省『通商白書二〇〇九』二〇〇九年
Euromonitor International, *Consumer Lifestyle Databook*, 2009
World Resource Institute（世界資源研究所）, *The Next 40 Billion–Market Size and Business Strategy at the Base of the Pyramid*（「次の四〇億人――BOP市場の規模とビジネス戦略」）, 2007
経済産業省『通商白書二〇一〇』二〇一〇年
柳川範之・森直子『アジアの「内需」を牽引する所得層――景気が失速しても、中間所得層の拡大は大きい』総合研究開発機構（NIRA）二〇一〇年

田中信彦「三〇〇もの「三級都市」が内陸市場攻略のカギに」『週刊東洋経済』二〇〇九年一一月二八日号

第2章

国連『世界都市人口推計（*The World Urbanization Prospects : The 2009 Revision*）』
河野稠果『世界の人口』東京大学出版会、二〇〇〇年
杉浦章介『都市経済論』岩波書店、二〇〇三年
ILO, *Employment Income and Equality : A Strategy for Increasing Productive Employment in Kenya*, 1972
絵所秀紀『開発の政治経済学』日本評論社、一九九七年
早瀬保子『アジアの人口――グローバル化の波の中で』アジア経済研究所、二〇〇四年
マイケル・P・トダロ（岡田靖夫監訳）『M・トダロの開発経済学』国際協力出版会、一九九七年
高谷好一『新世界秩序を求めて――二一世紀への生態史観』中公新書、一九九三年
経済産業省『通商白書二〇〇〇』二〇〇〇年
遠藤元『新興国の流通革命――タイのモザイク状消費市場と多様化する流通』日本評論社、二〇一〇年
末廣昭『キャッチアップ型工業化論――アジア経済の軌跡と展望』名古屋大学出版会、二〇〇〇年
宮島良明「自立に向かう東アジア」日本総研調査部『環太平洋ビジネス情報ＲＩＭ』三八号所収

二〇一〇年
木村福成「東アジアの国際分業の深化」木村福成・石川幸一編『南進する中国とASEANへの影響』所収、日本貿易振興機構、二〇〇七年
吉冨勝『アジア経済の真実――奇蹟、危機、制度の進化』東洋経済新報社　二〇〇三年

第3章

リチャード・フロリダ（井口典夫訳）『クリエイティブ都市論――創造性は居心地のよい場所を求める』ダイヤモンド社、二〇〇九年
国家統計局『新中国六〇年統計資料匯編』中国統計出版社、二〇一〇年
東洋経済新報社『海外進出企業総覧二〇〇八』二〇〇八年
細川昌彦『メガリージョンの攻防――人材・企業の争奪戦にどう勝利するか』東洋経済新報社、二〇〇八年
サスキア・サッセン（伊豫谷登士翁監訳）『グローバル・シティ――ニューヨーク・ロンドン・東京から世界を読む』筑摩書房、二〇〇八年

第4章

トーマス・フリードマン（伏見威蕃訳）『フラット化する世界――経済の大転換と人間の未来』上下、日本経済新聞社、二〇〇六年

World Bank, *World Development Indicators*, 2010
内閣府『世界経済の潮流二〇一〇――アジアがけん引する景気回復とギリシャ財政危機のコンテイジョン』二〇一〇年五月
世界銀行（田村勝省訳）『世界開発報告――変わりつつある世界経済地理』一灯舎、二〇〇八年
ハリー・T・オーシマ（渡辺利夫・小浜裕久監訳）『モンスーンアジアの経済発展』勁草書房、一九八九年
大泉啓一郎『老いてゆくアジア――繁栄の構図が変わるとき』中公新書、二〇〇七年
小峰隆夫・日本経済研究センター編『超長期予測　老いるアジア――変貌する世界人口・経済地図』日本経済新聞出版社、二〇〇七年
大竹文雄『日本の不平等――格差社会の幻想と未来』日本経済新聞社、二〇〇五年
Asian Development Bank, "The Rise of Asians Middle Class（「台頭するアジアの中間層」）", *Key Indicators*, 2010

第5章

Indermit Gill, Homi Kharase, *An East Asian Renaissance: Ideas for Economic Growth*（「東アジアのルネッサンス」）, World Bank 2007
末廣昭『タイ――中進国の模索』岩波新書、二〇〇九年
柴田直治『バンコク燃ゆ――タックシンと「タイ式」民主主義』めこん、二〇一〇年

廉思（関根謙監訳）『蟻族――高学歴ワーキングプアたちの群れ』勉誠出版、二〇一〇年
末廣昭『タイ――開発と民主主義』岩波新書、一九九三年
World Bank, *Innovative East Asia : The Future of Growth*（「革新的な東アジア――その成長の未来」）, 2003
Asian Development Bank, "Competitiveness in Developing Asia（「アジア途上国地域の競争力」）", *Asian Development Outlook*, 2003
Asian Development Bank, *City Cluster Development : Toward an Urban-Led Development Strategy for Asia*（「都市クラスター開発――アジアの都市牽引型開発戦略」）, 2008

第6章

BP, *Statistical Review of World Energy*, 2010
柴田明夫・丸紅経済研究所編『資源を読む』日経文庫、二〇〇九年
経済産業省『わが国のEPAに向けた取り組みについて』二〇一一年
ドネラ・H・メドウズ（大来佐武郎監訳）『成長の限界――ローマ・クラブ「人類の危機」レポート』ダイヤモンド社、一九七二年
ドネラ・H・メドウズ他（松橋隆治他訳）『限界を超えて――生きるための選択』ダイヤモンド社、一九九二年
ドネラ・H・メドウズ他（枝廣淳子訳）『成長の限界――人類の選択』ダイヤモンド社、二〇〇五

年
小宮山宏『「課題先進国」日本――キャッチアップからフロントランナーへ』中央公論新社、二〇〇七年
マイケル・ポーター（土岐坤他訳）『国の競争優位』上下、ダイヤモンド社、一九九二年
松原隆一郎『日本経済論――「国際競争力」という幻想』NHK出版新書、二〇一一年

マ・ヤ・ラ・ワ行

アルファベット

タ 行

ナ・ハ行

索　引

ア・カ行

サ　行

大泉啓一郎（おおいずみ・けいいちろう）

1963（昭和38）年大阪府生まれ．86年，京都府立大学農学部卒業，88年，京都大学大学院農学研究科修士課程修了．東レ・ダウコーニング・シリコーン株式会社，京都大学東南アジア研究センターを経て，90年に三井銀総合研究所（現・株式会社日本総合研究所）入社．現在，調査部環太平洋戦略研究センター主任研究員．東京大学非常勤講師，法政大学非常勤講師．

著書『老いてゆくアジア』（中公新書，2007年，アジア経済研究所発展途上国研究奨励賞受賞）
『日本の東アジア戦略』（分担執筆，東洋経済新報社，2005年）
『中国の台頭と東アジア域内貿易』（共著，東京大学社会科学研究所，2008年）
ほか

消費《しょうひ》するアジア
中公新書 2111

2011年5月25日発行

著　者　大泉啓一郎
発行者　浅海　保

本文印刷　三晃印刷
カバー印刷　大熊整美堂
製　本　小泉製本

発行所　中央公論新社
〒104-8320
東京都中央区京橋 2-8-7
電話　販売 03-3563-1431
　　　編集 03-3563-3668
URL http://www.chuko.co.jp/

Published by CHUOKORON-SHINSHA, INC.
Printed in Japan　ISBN978-4-12-102111-3 C1236

中公新書

経済・経営

g1

1936 アダム・スミス 堂目卓生
1465 市場社会の思想史 間宮陽介
1853 物語 現代経済学 根井雅弘
2008 市場主義のたそがれ 根井雅弘
1841 現代経済学の誕生 伊藤宣広
1896 日本の経済―歴史・現状・論点 伊藤 修
2024 グローバル化経済の転換点 中井浩之
726 幕末維新の経済人 坂本藤良
1527 金融工学の挑戦 今野 浩
2041 行動経済学 依田高典
1658 戦略的思考の技術 梶井厚志
1871 故事成語でわかる経済学のキーワード 梶井厚志
1824 経済学的思考のセンス 大竹文雄
2045 競争と公平感 大竹文雄
1893 不況のメカニズム 小野善康

1078 複合不況 宮崎義一
1586 公共事業の正しい考え方 井堀利宏
1434 国家の論理と企業の論理 寺島実郎
1657 地域再生の経済学 神野直彦
1737 経済再生は「現場」から始まる 山口義行
2021 マイクロファイナンス 菅 正広
2069 影の銀行 河村健吉
1941 サブプライム問題の正しい考え方 倉橋 透・小林正宏
2064 通貨で読み解く世界経済 小林正宏・中林伸一
1932 アメリカの経済政策 中尾武彦
2031 IMF(国際通貨基金) 大田英明
290 ルワンダ中央銀行総裁日記(増補版) 服部正也
1627 コーポレート・ガバナンス 田村達也
1784 コンプライアンスの考え方 浜辺陽一郎
1842 「失われた十年」は乗り越えられたか 下川浩一
1700 能力構築競争 藤本隆宏
1074 企業ドメインの戦略論 榊原清則

1789 組織を変える〈常識〉 遠田雄志
2111 消費するアジア 大泉啓一郎